KB208996

광야, 하나님의 시간에

출애굽 여정에서 만나는 깊은 광야, 깊은 자비

광야,
하나님의 시간에

김종익 지음

꿈꾸는인생

이 책을 통해 하나님 나라 이야기를

읽고 듣는 분들이 계시다면,

하나님 나라가 여러분 안에 임하기를 기도합니다.

2018년, 설교하는 김종익

다시 엮는 마음

2023년 3월 30일 아침, 벨소리와 함께 반가운 이름이 핸드폰에 떴다. 통화 버튼을 누르며 여보세요 했는지, 이름을 불렀는지 기억나지 않는다. 우느라 말을 제대로 잇지 못하던 그가 목사님의 죽음을 전해 주었다.

죽음에 대해서 알고 싶다는 생각을 한 건 처음이었다. 죽음과, 이 땅에서의 소명을 다한 이들의 다음을 계속 생각했다. 이미 내 안에 임했다는 하늘나라(하나님 나라) 말고, 죽어서야 갈 수 있는 그 하늘나라가 너무 궁금했다. 정확히는 그곳의 목사님이 궁금했다. 목사님은 지금 무얼 하고 계실까. 어떤 모습일까. 이 땅의 기억을 가지고 있을까. 그곳에서 여기 우리를 보고 있을까, 볼 수 있을까. 우리가 마음으로 보내는 소리가, 목사님을 추억하며 울고 웃는 소리가 목사님께도 닿을까.

한동안 매일 밤 같은 기도를 드렸다. "하나님, 딱 3초만 목사님 뭐하고 계신지 보여 주시면 안 돼요?" 웃음기 하나 없는 진지한 기도였다.

목사님이 돌아가신 후로도 목사님의 글로 세상의소금 염산교회의 월간 큐티지 <아침> 작업을 반년 넘게 이어 갔다. 목사님 없이 진행된 그 작업은, 목사님은 가시고 나는(우리는) 이곳에 남았다는 사실을 실감하게 해 주었고, 목사님을 그리워하며 추억하는 것을 넘어 남은 자로서 해야 할 일이 있지는 않은가 하는 물음으로 나를 이끌었다.

첫 번째로 떠올린 것이 목사님의 글을 책으로 엮는 일이었다. 십 년간 목사님의 묵상 글을 읽고 엮어 온 이유가 있지 않겠나 하면서.

목사님의 글을 좋아한다. 쓴 이를 닮아 복잡하지 않고 어렵지 않다. 다정한데 단호하고, 꾸밈이 없다. 그리고 언제나 겸손히 하나님 나라를 가리킨다. 그 글들 덕분에 나는 위로가 필요한 순간에 위로를, 힘을 내야 할 때 힘을 얻었다. 찔리고 엎드리고 잘못된 방향으로 내달리는 마음을 멈춰 세울 수 있었다. 나를 향한 하나님의 끝없는 사랑을 다시 깨달았고, 그래서 감격했고, 내가 꼭 들어야 할 소리에 귀를 기울이게 되었다. 목사님의 글에는 그런 힘이 있다.

이 글은 본래 2018년의 설교문이다. 세상의소금 염산교회 성도들을 위해 〈훗날, 너희 자녀가 묻거든〉이란 이름의 책으로 만들어지기도 했다. 담임하는 교회의 설교인 만큼 교회 내부 이야기가 많이 등장하고, 당시 시대 상황이 자주 언급되었다. 6년이 지나 다시 읽으며 이 글이 좀 더 많은 이들에게 '지금' '나'의 이야기로 다가갈 수 있기를 바라는 마음에, 염산교회 및 당시 정치 사회 이야기는 덜어 내고, '광야'라는 주제에 집중했다. 그 과정에서 지난 책에는 실리지 않았던 문장들을 목사님의 또 다른 글에서 가져와 새롭게 삽입하였다.

매일 성경을 읽지만 말씀의 뜻을 이해하고 삶에 적용하는 것이 어려운 이들과, 말씀을 가까이하고 싶으나 작심삼일에 그치는, 그래서 자주 자책하는 이들에게 목사님의 메시지가 훌륭한 길잡이가 되어 줄 것이라고 생각한다. 무엇보다 끝모를 괴로움과 슬픔과 무기력 속에서 '희망 따위 없다'는 광야의 정서에 갇혀 있는 이들에게 새 마음과 새 길을 보여 줄 것이다.

책 표지 안쪽에 실린 저자 소개글은 목사님과 함께 평화의 꿈을 키웠던 이우성 목사가 지었다. 이보다 더 목사님을 잘 소개할 문장을 아직 찾지 못했다.

끝으로, 매일 목사님 생각을 하고 있을 가족들에게 이 책이 작은 선물이 되어 주기를 바란다.

2024년 9월
편집자 홍지애

차례

<일러두기> 책에 인용된 성경은 개역개정이다. 다른 번역본은 표기했다.

당신의 광야는 어떤 모습인가.

당신이 지금 가장 두려워하는 것은 무엇인가.

1

어제나 오늘이나
영원토록

성경이 주제로 삼는 것은 하나님이다. 출애굽기의 주제도 마찬가지다.

출애굽기에는 여러 이야기가 나온다. 대제국 애굽에서 고생하는 일단의 노예들 이야기, 노예인 주제에 힘들다고 신음하며 아우성치는 이야기, 그들의 울부짖는 소리를 듣고 그들을 위해 나서신 여호와 하나님 이야기, 그리고 어느 무서운 밤에 벌어진 노예들의 탈주 이야기, 갈대 바다(홍해)에서 이루어진 탈주 노예들과 스스로 계신 하나님의 극적인 만남 이야기, 그래서 자유를 얻었지만 먹고사는 문제로 고달프다며 끝도 없이 이어 가는 전 노예들의 불평 이야기, 그래도 그들을 거둬 먹이고 이끄신 여호와의 손길에 관한 이야기, 우여곡절 끝에 도달한 어느 산기슭에서 맺은 하나님과 탈주 노예, 곧 히브리들의 계약 이야기, 그렇게 하나님의 백성이 된 무리에게 내린 하나님의 율법 이야기, 그리고 또다시 시작된 길고 지루한 유랑 길 이야기…. 이런 이야기들로부터 이스라엘은 해방하시는 하나님을 자신들의 하나님으로 고백했고, 자신들을 그분의 백성으로 간주하게 되었다.

그로부터 수천 년이 지난 지금도 이스라엘은 자신들이 '바로의 종'이었음을 배우고 있다고 한다. 과거의 일을 수치로 여기기보다 하나님을 만난 은혜와 기쁨의 사건으로 여긴다는 뜻이자, 역사를 통해 하나님을 배우고 자신들의 참모습을 깨달아 지난날을 반성하며 슬기롭게 살기 위한 결단일 것이다. 역사의 주권자인 여호와를 유일한 하나님으로 고백하면서.

여호와 신앙의 토대는 역사에 있다. 구약학자 판넨베르크Wolfhart Pannenberg가 쓴 책의 이름대로 '역사로서의 계시'를 알지 않으면, 우리가 부르며 찾는 하나님은 내 마음과 욕망이 투사된 우상에 지나지 않을 수도 있다.

우리는 이 땅의 시민인 동시에 하나님 나라의 백성으로서 하나님 주권신앙을 분명히 하고, 우리의 예언자적 신앙을 바로 세워야 할 거룩한 소명을 가지고 있다. 그러므로 역사의식을 바르게 세우거나 회복하는 일은 매우 중요하고 필요하다. 이런 소명감으로 출애굽기 1장을 보고자 한다. 우리가 듣고 보아야 하는 것은 무엇인가?

역사를 통해 일하시며
자신을 계시하시는 하나님

성경이 전하는 이스라엘의 역사는 하나님의 약속의 역사라고 할 수 있다. 이스라엘의 출발부터 그들의 시조 격인 아브라함, 이삭, 야곱 등 믿음의 조상들은 모두 하나님 나라 백성으로 살 약속을 받았다. 그리고 그 하나님 나라의 백성은 '큰 민족'이 될 것이었다.

> … 너는 너의 고향과 친척과 아버지의 집을 떠나 내가 네게 보여 줄 땅으로 가라 내가 너로 큰 민족을 이루고 네게 복을 주어 네 이름을 창대하게 하리니 너는 복이 될지라(창 12:1-2)

> (흉년이 들어서 애굽으로 가려고 나선 이삭에게 블레셋 땅에 머물라 하시면서) … 내가 네 아버지 아브라함에게 맹세한 것을 이루어 네 자손을 하늘의 별과 같이 번성하게 하며 이 모든 땅을 네 자손에게 주리니 네 자손으로 말미암아 천

하 만민이 복을 받으리라(창 26:3-4)

(나그네 되고, 노숙자 된 야곱에게) … 나는 여호와니 너의 조부 아브라함의 하나님이요 이삭의 하나님이라 네가 누워 있는 땅을 내가 너와 네 자손에게 주리니 네 자손이 땅의 티끌같이 되어 네가 서쪽과 동쪽과 북쪽과 남쪽으로 퍼져 나갈지며 땅의 모든 족속이 너와 네 자손으로 말미암아 복을 받으리라(창 28:13-14)

출애굽기 1장은 오랜 시간이 흘러 그 약속이 이루어지고 있다는 것을 보여 준다. "이스라엘 자손은 생육하고 불어나 번성하고 매우 강하여 온 땅에 가득하게 되었더라"(7절), "그(바로)가 그 백성에게 이르되 이 백성 이스라엘 자손이 우리보다 많고 강하도다"(9절), "학대를 받을수록 더욱 번성하여 퍼져 나가니 애굽 사람이 이스라엘 자손으로 말미암아 근심하여"(12절).

'생육하고 불어나', '번성하고', '강하여'와 같은 표현들은 히브리인의 증가가 대단했다는 것을 알려 준다. 제국 애굽의 왕 바로가 위협을 느끼고 근심할 정도였다. 실제로 애굽의 역사에서 지배 민족인 함족을 히브리들이 속한 셈족이 누르고 지배했다는 기록이 있다. 바로의 걱정이 과장이 아니었던 것이다.

아브라함과 이삭과 야곱에게 하신 약속대로 이스라엘은 강대해졌다. 이 같은 약속의 성취를 통해 우리가 만나는 하나님은, 긴 시간이 흐르는 동안 모두가 잊은 약속을 홀로 기억하고 책임지시는 분이다. 여기에 우리의 소망이 있다. 깨어 계시는 하나님, 어제나 오늘이나 영원토록 동일하신 하나님, 신실하신 하나님, 일하시는 하나님…. 그분을 만나고 찬양하는 기쁨을 회복하며 살아가는 것보다 더 큰 복은 없다.

출애굽, 곧 하나님의 구원 역사에
필요했던 한두 사람

그런데 성경을 읽다 보면, 이런 질문이 생긴다. "히브리들은 강성할 때 왜 하나님이 약속하신 땅으로 향하지 않았을까?"

추론할 수 있다. 애굽을 떠나기 싫었던 것이다. 애굽은 히브리들에게 '젖과 꿀이 흐르는 땅'이었기 때문이다. 한마디로 살 만했다. 그들은 당장의 안위와 나름 '이루었다'는 부질없는 자부심으로 하나님의 또 다른 약속, 곧 하나님 나라에 대한 약속의 성취와 세상의 복으로 살리라는 희망을 외면했다. 그냥 여기(애굽)서 이렇게(하나님의 약속을 외면한 채) 살아가는 것이 괜찮다 여겼다.

비록 수는 많았지만 이스라엘은 아직 나라가 아니었다. 땅도 주권도 없었다. 나라를 이루지 못한 채 맞이한 수의 번성은 복이 아니라 화가 되었다. 강제 노동에 시달리는 존속 살해범들이 되고 말았으니 말이다. 하나님 나라 비전을 잊은 대가였다.

역사에 만약은 없다지만, 반성을 위해 가정해 보자. 만약 힘이 있을 때 출애굽 했더라면 어땠을까. 적어도 강제 노동이나 제 손으로 제 아이를 죽여야 하는 고통과 수모는 당하지 않았을 것이다. 또 다른 가정으로, 역사를 가르치고 역사의 주인이신 하나님 신앙을 제대로 깨우칠 제사장이든 예언자든, 아니면 모세 같은 사람을 진즉에 키웠으면 어땠을까. 고대 세계의 새로운 평화 질서가 만들어져 하나님께 영광이 돌아가고, 그 열매인 평화를 히브리들이 오롯이 누리며 살게 되었을지도 모른다.

위기와 고난 앞에서 무지하고 비겁했던 히브리들을 흔들어 깨운 이들은 놀랍게도 산파 두엇이었다. 성경은 역사의 변곡점에 영웅호걸이 있었다고 말하지 않는다. 그냥 무지렁이 백성, 아무개가 있었다고 증언한다. 산파, 실패자 모세, 소년 목동 다윗, 아기 예수의 부모가 그렇다. 아무것도 아닌 그들이 '선지자' 역할을 할 수 있었던 것은 그들에게 하나님을 향한 두려움이 있었기 때문이다. 제국의 폭군보다, 그가 행사하는 무자비한 박해보다 그들은 하나님을 더 두려워했다.

그러나 산파들이 하나님을 두려워하여 애굽 왕의 명령을 어기고 남자 아기들을 살린지라(출 1:17)

이스라엘의 강성을 두려워한 바로는 갓 태어난 히브리 남자아이를 죽이라고 명령했지만, 산파들은 히브리들의 아들을 살렸다. 그들은 자신도 깨닫지 못하는 순간에 예언자였고 제사장이었다. 하나님을 경외한 산파들에게 하나님이 은혜를 베푸셨다고 성경은 기록한다(출 1:20-21).

오늘날 이 시대에 필요한 구원의 리더십을 발휘할 교회와 성도는 돈(가난)보다 하나님을 더 두려워하는 이들이다. 실패와 좌절(힘과 명예의 상실)이나 거절보다 하나님을 더 두려워하는 이들이다. 하나님은 지위고하를 막론하고 하나님을 온전히 경외하는 사람을 하나님 나라 비전을 위한 일꾼으로 부르신다. 그리고 그들에게 은혜를 베푸신다. 당신은 어떤가. 온전히 하나님만 경외하는가. 당신이 지금 가장 두려워하는 것은 무엇인가.

○ ○ ○

역사의 하나님, 성경의 하나님을 만날 때, 그래서 우리의 무지와 불신과 비겁함과 게으름과 교만의 민낯을 만날 때, 우리는 방황을 멈출 수 있다. 현실에 안주한 채 하나님의 약속을 외면하고 살아온 것을 회개하며, 현실에서 돌이켜 진정 두려워해야 할 대상을 마주하게 된다. 무너진 신앙을 회복할 수 있을 뿐만 아니라 위기와 고난이 하나님의 구원을 향한 비전의 토양으로 자리 잡는다. 이것이 우리가 역사를 공부하고, 성경의 역사를 주목해야 하는 이유다. 역사에서 배우지 못하면 희망이 없다.

2

하나님의
기억하심

요셉을 기억하지 못하는 애굽 왕은 이스라엘의 후손들을 박해했다. 여러 해가 지나 그 왕은 죽었다. 그러나 이후로도 이스라엘 백성의 고통은 사라지지 않았다. 오히려 가중되있다. 그런데 변화가 생겼다. 고된 노동으로 말미암아 '부르짖는 소리'가 하나님께 상달되었고, 그 소리를 들으신 하나님이 아브라함과 이삭과 야곱과 맺었던 언약을 기억하신 것이다(출 2:23-24). 단순히 언약을 기억하셨을 뿐만 아니라 이스라엘 자손을 돌보셨다.

> 하나님이 이스라엘 자손을 돌보셨고 하나님이 그들을 기억하셨더라(출 2:25)

여기서 '기억하심'은 까맣게 잊고 있다가 불현듯 '아!' 하고 생각났다는 의미가 아니다. 이제 하나님이 구원의 약속을 이루기 위해 실제로 행동하기 시작하셨다는 뜻이다. 과연 하나님이 돌보신 이들은 누구며, 하나님은 그들을 어떻게 돌보셨는가.

죽을 각오로 희망을 만들고
지키려는 이들을 기억하셨다

사회적으로 광범위한 재난을 겪거나 전쟁을 치르고 나면, 그
후 몇 년 동안은 아이를 많이 낳는 현상이 일어난다. 이른바
'베이비붐' 현상이다. 우리나라에도 있다. 한국전쟁 이후 세
대인 1955년생부터 1963년생까지를 베이비부머로 부르는
데, 약 715만 명이나 된다. 나도 이 세대에 속한 사람이다. 세
대마다 다 힘들다고들 하지만 이 베이비부머 세대는 부모 세
대를 모시는 것 말고도 취직과 결혼 등으로 힘겨워하는, 유사
이래 부모 세대보다 더 가난할 거라는 자녀들까지 거느려야
한다.

　　이 이야기를 꺼낸 이유는 베이비부머가 겪는 삶의 질곡
을 말하고 싶어서가 아니다. 다만 '전쟁 같은 걸 겪은 후에 왜
자녀를 더 많이 낳는 걸까?' 하는 궁금증을 나누고 싶어서다.
궁금하지 않은가? 히브리들을 생각해 보라. 낳아서 키워 봤
자 노예가 되어 노동에 시달릴 것이 뻔하고, 게다가 아들을 낳
으면 부모 손으로 죽이든 죽는 것을 가만 봐야 할 뿐인데, 왜

히브리들은 자꾸 애를 낳았을까?

한 레위 지파 가정에서 아들이 태어났다. 부모는 아이가 잘생겨서(제 눈에 안경일 테지만) 석 달을 안 죽이고 숨겼다. 그러나 더 이상 숨길 수가 없자 방수 바구니를 만들어 아이를 나일 강에 띄웠다. 차마 자리를 떠나지 못한 아기 누나가 지켜보는 중에 목욕하러 강으로 내려온 애굽의 공주가 아기를 발견해 건져 냈고, 아기 엄마가 유모로 연결되어 보수를 받으면서 제 아이에게 젖을 먹여 키우게 되었다. 공주는 '건져 냈다'는 의미로 이 아이에게 '모세'라는 애굽식 이름을 지어 주었다(출 2:1-10).

모세의 가족들을 보면 짠하고 먹먹한 마음이 들지 않나. 어느 것 하나라도 들통나면 끝장날 텐데, 그들은 아기를 살리기 위해 자신들의 목숨을 걸고 있다. 이야기가 진행되는 내내 하나님의 '하' 자도 안 나타나니 이것을 믿음이라고 하기는 좀 그렇고, 사랑이라고 말하기에도 어쩐지 좀 부족해 보인다. 그러니 그들의 노력을 '희망'이라고 부르는 게 좋겠다 싶었다. 어떻게든 살리려는, 어떻게든 살아 보려는 희망. 그러면서 깨달음을 얻었다. '희망은 어디선가 주어지는 게 아니라 만들어 내는 것이다. 그것도 죽을힘을 다해 만들어 내는 것이다'라는. 그리고 또 다른 깨달음이 감동과 함께 찾아왔다. '하나님은 그 희망을 보시고 그에 응답하시는구나!' 그 응답이 '모세'가 되었고, 그 돌보심이 '출애굽'이 되었다.

실패의 경험이 축적되었을 뿐인 인생을
돌보셨다

모세는 애굽의 왕자 신분이었지만 그저 버릇없는 금수저가 아니었다. 나름 정의롭고 역사의식도 있으며 가슴에 품은 꿈도 있는 인물로 잘 자랐다. 그러던 어느 날, 고된 노동 중인 이스라엘 사람, 곧 동족을 때리는 애굽 사람을 쳐 죽인 후 모래 속에 묻어 버린 일이 탄로가 나고 만다. 모세는 도망친다. 하루아침에 실패자요 도망자요 나그네요 난민일 뿐인 존재로 전락하고 말았다. 미디안 광야에서 처가살이를 하며 얻은 아들의 이름을 게르솜('타국에서 나그네가 되다')이라고 지은 것이 이를 잘 드러낸다.

광야의 모세, 도망자 모세, 난민 모세는 죽을힘을 다해 새 길을 찾지 않는다. 전진할 마음도, 모험할 의지도 없는 듯 보인다. 아마도 광야에서 얻은 작은 위로로 만족하며 아무런 꿈도 비전도 품지 않기로 마음먹은 듯하다. 게다가 이미 그의 나이는 여든이었다. 젊어서의 열정은 삭아 버리고, 애굽에서 고통받는 동족을 위해서 아무것도 할 수 없다는 무력감이 그를 사로잡았을지도 모른다. 그는 잊힌 존재가 되었고, 이에 적응했다.

그런데 하나님만은 그를 기억하셨다. 4백 년이 넘도록 노예로 살던 이들을 기억하시듯이 모세를 기억하셨다. 왜 고난이 있는지, 왜 가난한지, 왜 두려운지, 희망을 만들기 위해서는 왜 목숨을 걸어야 하는지와 같은 질문을 정작 당사자들은 멈추었는데, 그래서 생각하는 것조차 잊었는데, 하나님은 기억하셨다. 그리고 절망한 인생에게 새로운 길을 열어 보이셨다.

이런 하나님은 누구신가? 꿈꾸는 분이고, 비전의 왕이시다. 그분은 희망의 샘이 되신다. 남의 것으로 희망하는 분이 아니라 스스로의 권능과 사랑과 비전으로 희망하시는 분이다. 그런 하나님이시기에 실패가 축적되었을 뿐인 광야의 목동 모세에게, 실패의 역사를 이어 갈 뿐인 이스라엘에게 꿈과 비전의 불씨를 나눠 주신다. 그리고 소리 내 울지도 못하는 이 시대의 실패자들에게도 희망의 불씨를 나눠 주신다. 우리 눈에는 실패자로 끝났다 싶을 때가 오히려 하나님께는 주저앉은 이들을 일으켜 새 희망을 붙잡게 하는 훈련의 기회다.

○ ○ ○

운동을 배울 때면 힘을 빼라는 소리를 종종 듣는다. 그래야 제대로 된 자세가 나온다는 것이다. 팔을 휘두르며 하는 운동이든 공을 차며 하는 운동이든 힘이 들어가 있으면 몸이 경직되고, 경직된 몸으로는 제대로 된 결과를 낼 수 없을 뿐만 아니라 배움에 발전도 따르지 않는다. 안 다치면 다행이다. 마음도 마찬가지다. '잘해야지'라는 지나친 욕심이나 '못하면 어쩌지'라는 과한 근심은 우리를 경직되게 한다. 이런 마음으로는 무얼 하든 스트레스와 상처가 남게 된다.

모세가 잊힌 존재로 살아간 시간은 힘을 빼는 과정이었

을지 모른다. '나'의 힘이 빠진 자리에 하나님 나라의 꿈과 비전을 온전히 채울 수 있도록 하나님은 기다리셨을 것이다.

하나님은 지금도 그 일을 하신다. 무엇보다 스스로 하신 구원의 약속을 기억하시며 당신의 할 일을 하신다. 우리에게 비전과 희망과 구원이 되는 약속이행 행동을 하신다는 말이다. 문제는 우리다. 죽을힘을 다해 희망의 불씨를 살려야 한다. 서로 돌아보고 기억해 주며 살아야 한다. 그리고 이젠 정말 끝이다 싶을 때 찾아오시는 하나님을 마다하지 말아야 한다. 실패했을망정 하나님 만나기를 포기하지 말자. 하나님이 어떻게 하실까를 기대하며, 신음소리마저 들으시는 내 아버지, 내 어머니이신 하나님을 향해 탄식이라도 하자. 하나님이 작은 깨달음에 순종하는 힘이라도 주시면 순종하고 일어서자. 그렇게 한 발 한 발 떼어 놓다 보면 하나님과 함께 말처럼 달릴 날이 올 것이다. 세상은 잊을지 몰라도 하나님은 당신을 결코 잊지 않으신다.

3

이름을
부르신다

누군가의 이름을 부른다는 건 어떤 의미인가. 이리로 오라는 것만도 아니고, 내가 간다는 뜻만도 아니다. 그러나 뭐가 되었든 응답을 만들어 내는 창조적인 일이다. 쉽게 말해 이름을 부른다는 것은 두 존재 사이에 길이 생기는 것과 같다. 만남이 가능해지는 일이며 변화가 시작되는 지점이다. 이름을 부른다는 것은 이처럼 신비한 경험이다. 이 신비한 경험이 하나님과 모세 사이에 이루어졌다.

> 여호와께서 그가 보려고 돌이켜 오는 것을 보신지라 하나님이 떨기나무 가운데서 그를 불러 이르시되 모세야 모세야 하시매 그가 이르되 내가 여기 있나이다(출 3:4)

"모세야, 모세야." 하나님은 광야 한구석에 있는 떨기나무가 불붙는 가운데서 그를 부르셨다. 하나님이 모세에게 다가오신 것이다. 그리고 모세가 하나님께 한 걸음 더 가까이 다가설 수 있도록 길을 여신 것이다. 이 부름, 이 만남이 한 인생을 바꿨다. 아니 한 인생뿐 아니라 한 민족을 바꾸었다. 세계사를 바꾸었고 더 나아가 하나님 나라 구속사를 바꾸었다. 구체적으로 어떤 변화가 일어났다는 말인가? 한 인생, 모세에게 초점을 맞추어서 말씀을 보자.

운전자가
바뀌었다

인생을 운전에 비유하자면, 모세는 운전대를 자신이 잡고 살았다. 그 차에 가족을 태우고, 고통받는 히브리들도 태우고, 꿈도 비전도 싣고, 거기다가 하나님도 태우려고 했다. 그러다가 사고가 났다. 그는 도망쳤고, 지쳤고, 낙망했다. 막다른 길목이었다. 인정하기 싫었지만 길을 잃었다. 이제는 어디로 가야 할지, 어떻게 가야 할지, 무엇을 위해 왜 달려야 하는지 모르게 되어 버렸다. 바로 그때 하나님이 부르신 것이다. "모세야, 모세야. 내가 운전할게. 이제 그만 운전대에서 손을 떼고 내 옆자리에 타도록 해라." 놀라운 은총의 말씀이다. 이 부르심의 은총을 좀 더 음미해 보려고 한다.

우선 부르신 곳을 보자. 광야의 서쪽(뒤쪽) 끝, 호렙산

(시내산)이다. '호렙'은 히브리어로 '황량한 곳', '불모지', '내버려진 땅'이란 뜻이다. 시내광야에 가 보면 확실히 체험할 수 있다. 보통 시내산을 오를 때 새벽 한 시쯤 출발한다. 정상에서 일출을 보려는 이유도 있지만, 그 황량함으로 인해 한낮의 햇볕 아래서 등산하는 일이 쉽지 않아서인 것도 있다. 그만큼 황량한 바위산이다. 4백 년이 넘도록 애굽의 노예로 살고 있던 이스라엘의 현실이나, 광야에서 잊히는 연습을 하고 있던 모세의 현실을 대변하는 장소로 적절하지 않은가.

늙어서 공허하고 쓸쓸하기만 한 인생인 모세에게 하나님이 다가오셨다. 주목할 것은 모세가 하나님을 찾아 헤매다가 만난 게 아니라는 점이다. 하나님이 찾아오셨고 하나님이 모세를 부르셨다.

너희가 나를 택한 것이 아니라, 내가 너희를 택하여 세운 것이다. … (요 15:16, 새번역)

지금도 부름과 만남의 주도권은 여전히 하나님께 있다. 하나님이 비전을 위해 사람을 부르실 때, 그가 처한 곳이 왕궁

이냐 광야냐 하는 것은 그다지 중요하지 않다. '스스로 계신' 여호와 하나님은 인간의 조건에 매이지 않고 스스로 세우신 구원의 비전을 이루시는 분이다. '은혜'라는 말로밖에 표현할 수 없다.

그리고 또 하나, 떨기나무에 불이 붙었는데 나무는 타지 않았다. "… 떨기나무에 불이 붙었으나 그 떨기나무가 사라지지 아니하는지라"(출 3:2). 이것은 광야에서 전혀 특별할 것 없는 떨기나무와도 같은 모세에게, 또한 이스라엘 백성에게 불이 붙어도, 모세나 이스라엘이 없어지지는 않을 것이란 상징이다. 다시 말하면, 하나님의 힘은 우리를 멈추게 하고 우리가 몰고 있던 차의 운전대를 빼앗는 것 같아도 그로 인해 우리를 해치는 것이 아니라는 의미다. '성령충만'도 마찬가지다. 여호와 하나님의 힘은 내 안에서 나를 다스려도 결코 나를 없애 버리지 않는다.

이 같은 힘으로 하나님은 하나님의 사람들의 역사에 개입하신다. 아담을, 야곱을, 그리고 모세를 부르신 것처럼 기드온, 사무엘, 다윗, 이사야, 예레미야, 그리고 베드로, 심지어 핍박자 사울에 이르기까지 부르셨고 만나셨고 운전대를 내놓으라 하셨지만, 그래서 그들을, 그들의 시대와 역사를 기어코 거룩하고 새로운 길, 구원의 길로 인도하셨다.

이런 일이 하나님과 당신 사이에도 일어났는가? "힘들지? 지치지? 어디로 가야 할지 모르겠지? 내가 운전대를 잡을 테니 너는 그냥 내 옆에 타고 있으렴." 이러한 사건이 만약 당신에게 일어났다면 운전대를 잡으신 그분께 걱정과 욕심으로 훈수 두지 말자. 그리고 아직 안 일어났다면, 좋은 말로 "아무개야" 하고 부르실 때 인생의 운전대를 바로 넘겨 드리기 바란다. 어쭙잖게 변명하지 말고.

믿음의 성숙을
이루었다

하나님의 부름을 들은 모세는 끊임없이 하나님께 묻는다. 그리고 그때마다 하나님은 계시의 대답을 들려주신다.

모세가 하나님께 아뢰되 내가 이스라엘 자손에게 가서 이르기를 너희의 조상의 하나님이 나를 너희에게 보내셨다 하면 그들이 내게 묻기를 그의 이름이 무엇이냐 하리니 내가 무엇이라고 그들에게 말하리이까 하나님이 모세에게 이르시되 나는 스스로 있는 자이니라 또 이르시되 너는 이스라엘 자손에게 이같이 이르기를 스스로 있는 자가 나를 너희에게 보내셨다 하라(출 3:13-14)

하나님의 이름을 묻는 모세에게, 하나님은 "나는 스스로 있는 자"(나는 그냥 나)라고 대답하신다. 이것이 곧 '여호와', '야웨'의 뜻이다.

모세를 포함해 모세 이전의 이스라엘은 하나님을 아브라함의 하나님, 이삭의 하나님, 야곱의 하나님으로 불렀다. 그러다 보니 하나님이 조상들의 하나님으로 인식되기도 했고, '그때 거기'의 하나님으로 추억될 뿐일 수도 있었다. 이 경우, 믿음에 관한 이해는 혈통이나 전통을 지키는 일로 좁혀질 수 있었다.

그런데 모세에게 계시하신 하나님의 이름은 영원한 현재형으로 '스스로 어디든 늘 계시는 분'이다. 곧 하나님은 추억의 대상이 아니라 찬양과 경배의 대상이다. 하나님을 이렇게 이해하게 되면, 믿음에 대해서도 새롭게 인식하게 된다. 믿음은 무엇을 지키자는 것이 아니라 거기 늘 계시는 분의 뜻대로 사랑과 정의의 구원 사역에 순종하면서 그 하나님을 찬양하며 예배하는 일이다. 해방과 구원의 표징이 제사, 곧 예배인 이유가 여기 있다.

이것을 깨닫는 변화가 바로 믿음의 성숙이다. 보다 정확히는 선교적 성숙이다. 기복적이고 주술적인 믿음에서 선교적이고 희생적인 믿음으로 성숙해 가는 것이, 모세가 하나님을 만나서 얻은 은총이었다.

종종 우리는 "주님, 제게 성숙한 믿음을 주세요"라는 식으로, 믿음을 이야기하며 '성숙'이란 표현을 쓴다. 그러나 무슨 뜻인지 알고 쓸 필요가 있다. 내게 잘해 주고 복 주고 나를 칭찬하시는 하나님으로 고백하던 믿음에서, 세계와 인류를 구원하기 위해 스스로 낮아져 오시는 하나님을 찬양하고 예배하고 증언하는 믿음으로, 또 어디서나 그렇게 사는 것을 사명으로 여기는 선교적 믿음으로 업그레이드되는 것이 믿음의 성숙이다.

출애굽기 3-4장은 이런 성숙한 믿음, 선교적인 믿음의 여정으로 하나님이 모세를 부르셨다는 것을 알려 준다. 또한 하나님의 부름은 미성숙한 믿음으로는 '아멘' 하기 어렵다는 사실도 알려 준다. 하나님 만나기를 두려워한 모세에게 하나님은 그를 부르신 뜻, 곧 그가 해야 할 일을 명하신다. 그러나 모세는 자신이 누구이기에 그런 일을 할 수 있냐며 적합성의 문제를 거론하면서 거절한다. '너와 함께하겠다'라는 하나님의 답을 듣고도 모세는 하나님의 권위를 문제 삼으며 수긍하지 않는다. 하나님이 당신의 정체를 친절히 밝히며 그가 하실 일들을 친절히 설명하시지만 모세는 여전히 히브리들을 믿게 할 근거가 없다며 염려하고, 결국 하나님은 그런 모세에게 몇 가지 표적을 보여 주신다. 지팡이가 뱀으로 변하고, 모세의 손에 나병이 생겼다 낫는 것이었다. 그럼에도 불구하고 모세는 자신이 말을 잘하지 못한다며 자신의 약점을 문제 삼고, 하나님은 '내가 입도 지었다'며 할 말을 가르쳐 주겠다는 약속을 하신다. 그러나 마지막까지 모세는 회피한다. '보낼 만한 자를 보내시라'고 하면서. 이렇듯 연약함과 두려움에 휩싸인 모세에게, 마침내 하나님은 화를 내시며 아론과 동역하라고 이르신다.

이토록 주저하던 미성숙한 믿음의 사람, 모세를 '아멘'의 성숙한 믿음인으로 일으키기까지 하나님은 인내하며 그를 연단하셨다. 그리고 마침내 이기셨다. 이것이 또 우리의 희망이 된다. 하나님은 포기하지 않으시고 끝내 이기신다.

○ ○ ○

주저하는 믿음으로는 애굽에서 나올 수 없다. 망설여서는 하나님을 온전히 예배하며 증언할 수 없다. 그러니 그만 머뭇거리자. 능력은 주님께 넘치도록 있지 않은가. 운전대는 늘 스스로 계시며, 여기도 계시고 거기도 계실 여호와 하나님께 과감히 넘겨 드리자. 길도 모르는 주제에 운전대를 붙잡은 채 고집부리지 말고. 그리고 주님과 함께 가서 노예들은 사랑하고, 애굽 왕과 그 똘마니들과는 싸우면서, 구원의 하나님을 선포하고 사랑과 정의의 하나님 나라를 세우는 데 앞장서자. 그 길이 광야 길이어도 말이다. 당신과 내가 소망할 것은, 그러한 선교적 성숙으로 부르시는 하나님의 부름에 담대히 "아멘"으로 대답하는 인생과 역사를 살아가는 것이다.

4

기억하는
믿음

일본 나가사키에 가면 백 년이 넘은 개신교회가 하나 있다. 그 교회 강단 옆에 종이 하나 달려 있다. '평화의 종'이란 이름과 함께 7개의 평화의 기도제목이 붙어 있다. 매 주일 오전 11시 2분에 그 종을 치고 평화를 위한 기도를 드리며 예배를 시작한다고 하는데, 11시 2분은 1945년 나가사키에 원자폭탄이 떨어진 시각이다. 그 이야기를 들으니 뭔가 달라 보였다. 여기서 말하는 '다르다'는 '거룩하다'는 뜻이다.

그런데 그 종의 사연을 듣고 나니 더욱 달라 보였다. 조선인 피폭자가 일본에 원한을 품고 그 땅을 떠나 미국에서 살다가 신앙을 갖게 되었는데, 시간이 지난 뒤에 나가사키에 방문했다가 그 교회에서 용서와 화해의 마음으로 예배를 드리게 되었다. 그 후 미국으로 돌아가 그 종을 만들어 보낸 것이었다.

쉽지 않았으리라는 것을 짐작할 만하지 않은가. 그분도, 그분이 보낸 종을 치며 예배하는 그 교회의 신앙도 참으로 다르고 그래서 거룩하게 여겨졌다. 그들은 거룩하신 하나님을 증언하며 예배하고 있었다.

하나님의 백성이라면 마땅히 거룩하신 하나님과 하나님의 거룩하심을 증언해야 한다. 출애굽기 말씀은 이를 잘 보여준다. 하나님은 과연 얼마나 거룩하고, 그래서 얼마나 다른 분인가?

하나님의
다름

첫째, 하나님은 "보고 들으시는" 분이다.

> 여호와께서 이르시되 내가 애굽에 있는 내 백성의 고통을 분명히 보고 그들이 그들의 감독자로 말미암아 부르짖음을 듣고 그 근심을 알고(출 3:7)

여호와는 막연한 신이 아니다. 지지고 볶는 현실과 무관한 형이상학적인 초월자가 아니라, 우리 삶이 토해 내는 갖가지 현상을 가까이서 보고 듣고 관계하시는 '삶의 현장'의 주님이다. 자기 백성과 함께 울고 웃고, 때로 분노하지만 용서하시고, 끈질기게 가르치며 참아 주시는 하나님이다. 그래서 다르고 거룩하시다.

둘째, 하나님은 애굽에 있는 히브리들을 "내 백성"이라고 하신다. 억압받고 울부짖는 자들의 편에 서신 것이다. 비교하자면, 바로는 여느 왕들처럼 거들먹거리고 탄압하고 속이면서 계속 높아지기를 바라고, 또 수단을 가리지 않고 그 높음을 유지하려는 왕이다. 그러나 하나님은 정반대로 낮은 곳으로 자꾸 내려오신다. 낮은 곳에 있는 이들을 불쌍히 여기시기 때문이다. 그래서 다르고 거룩하시다.

셋째, 하나님이 처음 밝히신 구원 계획을 통해서도 그분의 다름을 알 수 있다.

> 내가 내려가서 그들을 애굽인의 손에서 건져내고 그들을 그 땅에서 인도하여 아름답고 광대한 땅, 젖과 꿀이 흐르는 땅 곧 가나안 족속, 헷 족속, 아모리 족속, 브리스 족속, 히위 족속, 여부스 족속의 지방에 데려가려 하노라(출 3:8)

애굽인의 손에서 건져 내어 젖과 꿀이 흐르는 땅으로, 노예에서 자유인으로, 형제를 억압하는 세상에서 평등과 공존의 세상으로, 바로가 지배하는 땅에서 하나님이 다스리시는 땅으로 옮겨 가는 것이 하나님이 당신의 백성을 위해 계획하신 구원이다. 이는 고통이 조금 줄거나 애굽인이 개과천선하는 정도가 아니라 히브리들의 상태가 근본적으로 달라질 것에 대한 계획이자 약속이다. 마치 부활처럼 말이다. 하나님의 구원 계획은, 영원히 노예로 살 줄 알았던 히브리들이 하나님의 백성이 되는 근본적인 전환이다.

이런 하나님이 다스리시는 땅을 사람들은 '유토피아'라고 부른다. 유토피아utopia는 '없다'는 의미의 'ou'와 '곳'을 뜻하는 'topos'가 합해진 말로 '어디에도 없는 곳'이다. 사실 '아름답고 광대한, 젖과 꿀이 흐르는 땅'은 어디에도 존재하지 않는다. 그런데 하나님이 이스라엘 자손을 데려가겠다고 하신 곳은 8절에 나오듯이 여러 민족이 살고 있는 실제하는 땅이다. 신비한 세계에 있거나 어렵게 찾아내야 하는 숨겨진 어떤 곳이 아니다. 단지 하나님이 친히 다스리시고, 하나님의 백성이 그 다스림에 순종하며 하나님을 예배할 때 살게 될 그

곳이다. 그런 나라는 '존재하지 않는 곳'으로서의 유토피아가 아니라, 분명히 '존재하는 나라'로서의 하나님 나라다.

'내가 누구이기에'라면서 의심하고 두려워하는 모세에게 하나님은 이런 구원 계획을 친히, 그것도 다이내믹하게 이루실 것을 약속하신다. 8절을 찬찬히 보면, 하나님이 주어가 되는 행동들로 이어진다. "내가 내려가서", "내가 애굽인의 손에서 건져 내고", "내가 그들을 인도하여", "내가 데려갈 것이다." 이런 표현들은 하나님이 택하신 백성을 구원하기 위해 얼마나 힘 있게 움직이실 것인지를 알려 준다.

거룩하신 하나님이 이토록 거룩한 구원 계획을 이루실 것을 믿는 사람들이 곧 하나님 나라 백성이다. 그렇다면 하나님 나라 백성은 무엇을 해야 할까? 모세를 부르며 이르신 말씀에 힌트가 있다(출 3장). 첫째, 하나님의 구원을 보고 듣고 선포하고, 둘째, 구원을 위해 일하시는 하나님을 찬송하고 경배하며, 셋째, 이 일을 위해 고난을 무릅쓰는 것이다. 그리고 이 모든 것을 하나로 합치면 '기억하는 일'이 된다.

사실 따져 보면 하나님의 구원은 이스라엘 자손만 경험한 것이 아니었다. 애굽인들도 경험했다. 요셉을 통해 하나님은 이미 구원 행동을 보이시지 않았나. 그런데 그들은 기억하지 않았다. 기억하지 않기에 하나님의 구원을 계속 선포하지 않았고, 예배하지도 않았고, 고난을 무릅쓰지도 않았다. 하나님의 구원 행동을 잊으니 그냥 하나님을 모르는 애굽, 오히려 다른 이들을 괴롭히는 반反 하나님 나라적인 존재가 되고 말았다. 그들의 억압의 손을 하나님이 꺾으셔야 하는 심판의 대상이 되고 말았다.

하나님의 구원을 기억하지 못하면, 찬송하며 예배하지 않으면, 고난을 무릅쓰고 증언하지 않으면 누구라도 그렇게 된다. 나중에 이스라엘 자손들도 그랬던 것처럼 말이다. 따라서 거룩하신 하나님의 거룩한 백성이라면 거룩한 믿음, 거듭 말하자면 '기억하는 믿음'으로 살아야 한다.

말하면서 기억하는
믿음으로

다윗이 골리앗을 향해 나갈 때, 그가 이기리라고 예상한 사람은 없었다. 지닌 것이라곤 고작 돌팔매뿐인 소년에게 무얼 기대할 수 있었을까. 그러나 다윗은 승리를 의심하지 않았다. 이런 다윗의 믿음은 어디서 비롯되었을까?

사무엘상 17장을 보면, 소년 다윗을 왕 사울이 말리며 말한다. "그만두어라. 네가 어떻게 저 자와 싸운단 말이냐? 저 자는 평생 군대에서 뼈가 굵은 자지만, 너는 아직 어린 소년이 아니냐?" 그때 다윗이 담대히 말한다. "저는 아버지의 양 떼를 지켜 왔습니다. 사자나 곰이 양 떼에 달려들어 한 마리라도 물어 가면 곧바로 뒤쫓아 가서 그놈을 쳐 죽이고, 그 입에서 양을 꺼내어 살려 내곤 하였습니다. 그 짐승이 저에게 덤벼들면 그 턱수염을 붙잡고 때려 죽였습니다. … 살아 계시는 하나님의 군대를 모욕한 자를 어찌 그대로 두겠습니까?" 그리고 이렇게 덧붙인다. "사자의 발톱이나 곰의 발톱에서 저를 살려 주신 주님께서, 저 블레셋 사람의 손에서도 틀림없이 저를 살려 주실 것입니다."

다윗의 남다른 믿음은 하나님이 하신 일에 대한 기억에서 비롯되었다. 그렇다. 잘 기억하는 것이 믿음이다. 하나님 나라에 순종하고 하나님의 통치를 실현하는 데는 기억이 동력이 된다.

기억한다는 것은 곧 깨어 있다는 것이다. 깨어 있지 않으
면, 하나님의 약속을 잊게 된다. 모세를 보라. 하나님이 그를
굳이 찾아내셔서 하나님의 구원 계획을 알리지 않으셨으면,
고통받는 히브리 따윈 그냥 잊고 살지 않았을까. 여기에 오늘
우리의 자리가 있다. 다 잊고 사는 게 대세인 세상이라 해도
하나님의 백성이라면 기억하라는 것이다. 그래서 하나님이
이루실 계획을 선포하고, 하나님이 이루신 구원에 대해서는
증언도 하라는 것이다. 구원의 하나님을 예배하며 살라는 것
이다. 그래야 높이 계시기만 한 하나님이 아니라, 우리의 고통
스런 자리까지 낮아져 오셔서 우리와 함께하며 우리를 구원
하시는 거룩한 하나님의 거룩한 계획의 거룩한 성취를 보게
된다. 그리고 거룩한 하나님과 거룩한 동행을 하게 된다.

○ ○ ○

살다 보면 직장도, 물질도, 신용도 잃을 때가 있다. 건강
을 잃을 때도 있다. 이럴 때는 원인을 찾아 빨리 회복하고 싶
어 조급해지고, 시도한 일이 잘 안 되면 누군가를 원망한다.

그러다가 다 포기하고 싶어지기도 한다. 어느 순간 하나님의 말씀도, 하나님이 하신 일도 희미해진 채로 살게 된다. 창세 때 이미 밝혀진 사실 한 가지는, 사탄의 유혹은 하나님의 말씀을 기억하지 못하게 하고, 기억을 한다 해도 왜곡시킨다는 것이다. 즉, 하나님을 모르는 애굽으로 살아가게 하는 것이다.

깨어 있자. 생명과 삶을 붙들고 계신 이는 하나님이시다. 나의 괴로움을 다 보고 듣고 계시는 하나님이 나를 위해 힘 있게 움직이신다는 것을 기억하고 그 하나님을 의지하자. 우리가 할 일은 지난날 나를 이끄신, 이스라엘을 이끄신 거룩한 하나님을 기억하는 것이다.

5

상처 받은 자를
도우신다

자괴감에 빠져 본 적이 있는가. 기도하고 순종했는데 실패감과 허무함만 느껴질 때, 기도로 병이 나았다고 확신해 자랑까지 했는데 또 아플 때, 가족의 구원을 위해 오랫동안 기도했는데 구원은커녕 주님과 더 멀어지는 것 같을 때, 한순간의 실수로 긴 시간의 노력이 물거품이 될 때… 그럴 때 당신은 어떻게 하는가? 아니, 우리 하나님은 그런 경우에 우리를 어떻게 도우시는가?

하나님과 모세를 보자. 출애굽기 5장과 6장은 하나님의 출애굽 계획에 어렵게 순종한 모세가 애굽 왕 바로를 만나 하나님의 메시지를 전하고, 그 일로 인해 바로가 이스라엘 자손을 중노동으로 더욱 괴롭히는 이야기다. 모세는 이 같은 상황이 펼쳐질 것을 이미 하나님께로부터 들었다. 모세 자신도 이 일을 만만하게 여기지 않았다. 하지만 막상 닥치고 보니 거절과 실패의 충격은 매우 컸다. 여기서 우리가 주목해야 할 것은, 모세가 다시 흔들릴 수도 있고 도망치고 싶은 유혹이 찾아올 만했을 때 하나님이 모세를 어떻게 도우셨는가 하는 것이다. 우선 모세의 심리 상태를 출애굽기 5장 끝부분에서 확인해 보자.

… 모세는 주님께 돌아와서 호소하였다. "주님, 어찌하여 주님께서는 이 백성에게 이렇게 괴로움을 겪게 하십니까? 정말, 왜 저를 이곳에 보내셨습니까? 제가 바로에게 가서 주님의 이름으로 말한 뒤로는, 그가 이 백성을 더욱 괴롭히고 있습니다. 그런데도 주님께서는 주님의 백성을 구하실 생각을 전혀 하지 않고 계십니다"(22-23절, 새번역).

바로는 더 강퍅해졌고, 같은 편이라 여겼던 이스라엘 자손들은 가중된 고통으로 인해 모세를 원망했다. 나름 각오를 했던 바지만 모세는 낙심했고 상처 받았다. 모세가 그리되었다는 것은 누구도 그럴 수 있다는 뜻이다. 그래서 우리는 그 이후의 이야기를 주목해야 한다. 바로 하나님의 반응이다.

하나님의 이름을
확인하셨다

하나님은 상처 받은 모세를 탓하지도, 상황을 합리화하지도,

막연히 "다 잘될 거야" 하지도 않으셨다. "내가 한 말을 허투루 들었느냐?" 고함치며 화내지도 않으셨다.

> 하나님이 모세에게 말씀하여 이르시되 나는 여호와이니라 내가 아브라함과 이삭과 야곱에게 전능의 하나님으로 나타났으나 나의 이름을 여호와로는 그들에게 알리지 아니하였고(출 6:2-3)

그 대신 하나님은 모세의 시선을 돌려놓으셨다. 참담한 현실로 향한 시선을 하나님께로 돌려놓으셨다. 실패와 상처를 곱씹기보다 모세를 부르신 하나님이 누구인지를 다시 생각하게 하신 것이다.

하나님의 비전을 위한 길이 탄탄대로라는 보장은 없다. 뜻밖의 걸림돌이 나타나서 비전을 흔들고 엇나가는 방향으로 미혹할 때도 있다. 비전으로 부르심을 받았다고 확신하는 그 자리는 비전 사역의 입구일 뿐이지 결코 출구가 아니다. 그것도 온갖 시련이 기다리고 있는 길고 거친 '비전로'의 초입이다. 다만 하나님의 강한 손이 그 길을 지도하실 뿐이다. 따라서 낙심의 자리에서 우리가 확인할 것은 하나님이다.

하나님은 과연 어떤 분이신가? 전능하시고, 스스로 계신 분, 여호와시다. 환경과 상황에 따라 좌지우지되지 않으시며, 언제든 시작하고, 언제든 끝내고, 언제든 하고자 하는 일을 하실 수 있는 자유로운 분이다. 한마디로 선한 힘과 선한 뜻을 모두 가지신 분이다. 뜻은 있었으나 힘이 없는 모세와, 힘은 있었지만 뜻이 없던 바로와는 차원이 다른 분이다. 하나님이 이런 분임을 안다는 것은 상처 받은 우리에게 치유와 소망이 된다.

하나님의 의지와 뜻을 계시하셨다

하나님은 하실 일을 모세에게 숨기지 않으시고 "내가 바로에게 하는 일을 네가 보리라"고 하셨다. 한국어 성경에는 나타나 있지 않지만 영어 성경에는 '곧'의 의미가 포함되어 있다. 즉, '곧 볼 것이다'라고 말씀하신 것이다. 또 "강한 손으로",

"나는 여호와라", "편 팔", "속량하여", "주기로 맹세한", "내가 인도하고", "내가 주고" 등의 표현으로 구원의 뜻과 구원의 계획을 이루실 하나님의 의지가 얼마나 단단한지를 보여 주셨다(출 6:1-8).

또한 하나님은 세 가지 약속을 기억한다고 강조하신다. 하나, 애굽에서의 고통으로부터 이스라엘을 건지겠다는 약속, 둘, 이스라엘은 하나님의 백성이 되고 자신은 그들의 하나님이 되겠다는 약속, 셋, 땅을 기업으로 주겠다는 약속이다. 하나님은 약속하시는 일에, 또 약속의 상대를 생각하고 돌보시는 일에 늘 자비로우시다. 그뿐만 아니라 그 약속을 기억하고 이루시는 데 신실하신 분이다.

하나님은 낙심하여 넘어진 모세를 일으키고, 또 설명하며 또 약속하신다. 그 하나님을 알면 힘이 나지 않을 수 없다. 하나님께 모세는, 그리고 당신과 나는 대체 가능한 소모품이 아니다. 하나님이 끝까지 붙잡고 쓰시는 하나님의 종이다. 그런 하나님을 알고 믿고 바라보는 이들이 얻는 치유와 회복에 대해 하나님은 이사야를 통해 계시하셨다.

너는 알지 못하였느냐 듣지 못하였느냐 영원하신 하나님 여호와, 땅 끝까지 창조하신 이는 피곤하지 않으시며 곤비하지 않으시며 명철이 한이 없으시며 피곤한 자에게는 능력을 주시며 무능한 자에게는 힘을 더하시나니 소년이라도 피곤하며 곤비하며 장정이라도 넘어지며 쓰러지되 오직 여호와를 앙망하는 자는 새 힘을 얻으리니 독수리가 날개치며 올라감 같을 것이요 달음박질하여도 곤비하지 아니하겠고 걸어가도 피곤하지 아니하리로다(사 40:28-31)

○ ○ ○

가끔 소더비 경매에서 '스트라디바리우스'라는 이름의 바이올린이 악기 경매 사상 최고가인 몇백 만 달러에 낙찰되었다는 기사가 뜬다. 스트라디바리우스는 독특한 목재 처리와 디자인으로 인해 복제가 거의 불가능한 특유의 소리를 내는 것으로 알려져 있다. 스트라디바리우스가 명품악기가 된 것은 훌륭한 장인의 솜씨였기도 하지만, 악기 제조에 사용된 나무가 좋아서라는 평이다.

홍수가 나서 뿌리가 반쯤 드러난 전나무는 생명을 지키

기 위해 죽음에 저항하는 꽃을 피우는데, 이처럼 식물이 위태로운 상황에서 사력을 다해 꽃을 피워 종족을 보존하려는 현상을 생물학적 용어로 '앙스트블뤼테'Angstblüte라고 한다. 독일어로 두려움, 불안을 뜻하는 '앙스트'Angst와 '개화, 만발, 전성기'를 뜻하는 '블뤼테'Blüte의 합성어다. '불안 속에 피는 꽃'인 셈이다. 죽음의 위기에서 모든 전나무가 앙스트블뤼테를 피우는 것은 아니란다. 드물게 죽음과 역경과 불안의 환경에 저항하며 꽃을 피워 내는 나무가 있고, 그 나무가 바로 세계 최고의 울림을 주는 악기로 다시 태어날 수 있다는 것이다.

기억하자. 모세는 결국 실패했던 그 길을 다시 가서 마침내 하나님의 나라와 뜻을 이루고, 세상에 하나님을 알려 하나님을 예배하게 하는 그 소명을 이루었다. 기가 막힌 하나님의 악기가 된 것이다. 당신도 그럴 수 있다. 아니, 하나님이 그렇게 하실 것이다. 참담하고 우울한 현실에 머문 시선을 돌려 하나님을 바라보고, 하나님이 하실 일을 기대하며 믿음으로 끝까지 가 보자. 하나님이 도우신다.

6

하나님으로
충만한 곳

애굽에서 탈출한 해방 노예들이 광야의 첫 아침을 맞았다. 출애굽과 해방, 그 자체는 분명 큰 선물이자 놀라운 은혜였다. 저들의 격을 높여 준 위대한 경험이었다. 그런데 하룻길을 걷고서 자고 깬 아침에 그들은 자신들의 현실을 목도했다. 광야였다.

광야는 어떤 곳일까. 간혹 작은 나무와 풀이 있기는 하지만 모래와 푸석푸석한 흙으로 끝없이 이어진 땅, 황량한 바위산이 돌출해 있는 곳, 움직이는 생명체는 별로 눈에 띄지 않는 일상, 낮에는 뜨거운 햇볕으로 이글거리다가도 땅거미가 지면 급격히 추워져 몸을 떨게 하는 곳…. 처음 성지순례를 갔을 때 성경이 말하는 광야를 처음 봤다. 집을 주고 땅을 줄 테니 살라고 해도 여기선 도저히 못 살겠다는 생각을 했다. 인간이 살기에는 부적합한 땅이었다.

그 아침, 출애굽한 노예들의 감상은 어땠을까? 은혜라고 여기며 '출애굽' 했다가 광야 길을 깨달았을 때의 마음을 상상할 수 있는가. 삶이 광야 같다고 느낄 때 당신의 마음은 어떤가? '광야'가 꼭 이스라엘 민족이 마주한 물리적 공간만을 뜻하는 게 아니라는 것을 우리는 알고 있다. 달력을 보다 문득 여기까진 어찌어찌 살아왔는데 남은 생은 또 어떻게 살아가야 할까 막막함이 엄습하는 것 또한 광야의 아침이다. 성경에는 그런 광야를 살기 위한 몇 가지 원리가 나타난다. 그 안에서 광야를 어떻게 바라보아야 할지에 대한 답이 있다.

광야 길은
하나님의 계획이다

애굽의 라암셋을 떠나 숙곳을 지난 히브리들이 이른 곳은 에담이다. '광야 끝'이라 했으니(출 13:20) 시작이란 말이기도 하다. 출애굽의 흥분이 채 가시지 않은, 그러나 춥고 떨렸을 광야의 아침을 헤아려 보자. 기대 반 두려움 반이지 않았을까.

　20대 후반에 아내와 어린 딸을 데리고 안산에 전임 전도사로 부임해서 맞았던 첫 아침의 기억이 또렷하다. 새벽닭이 울었다. 도시인지 시골인지 헷갈리는 중에 기대와 함께 가졌던 또 다른 감정은 분명 두려움이었다.

　하나님은 광야에서 첫 아침을 맞는 이스라엘 백성에게

분명히 말씀하신다. 이 모든 여정이 하나님의 계획이라고.

모세는 요셉의 유골을 가지고 나왔다. 요셉이 이스라엘 자
손에게 엄숙히 맹세까지 하게 하며 "하나님이 틀림없이 너
희를 찾아오실 터이니, 그때에 너희는 여기에서 나의 유골
을 가지고 나가거라" 하고 말하였기 때문이다(출 13:19, 새
번역).

이스라엘은 요셉의 유언과 함께 출애굽이 하나님의 계
획이라는 것을 알고 출발했다는 뜻이 아닌가(창 50:24, 25 참
조). 17절 하반절은 출애굽이 그렇듯이 광야 길도 하나님의
계획이라는 것을 분명히 알려 준다.

… 그들이 블레셋 사람의 땅을 거쳐서 가는 것이 가장 가까
운데도, 하나님은 백성을 그 길로 인도하지 않으셨다. 그것
은 하나님이, 이 백성이 전쟁을 하게 되면 마음을 바꾸어서
이집트로 되돌아가지나 않을까, 하고 염려하셨기 때문이다
(새번역).

지금도 애굽에서 이스라엘로 가는 데는 두 길이 있다. 해안 길과 광야 길이다. 해안 길로는 몇 시간이면 가지만, 광야 길은 시내산에서 하루를 자고 가야 한다. 해안 길은 출애굽 때나 지금이나 사람들이 많이 살고 많이 왕래하는 길이다. 무역을 위한 길이고 전쟁을 위한 길이다. 그래서 주도권 쟁탈이 심하다. 해방 노예들이 그 길로 가면 싸움에 휩싸일 테고, 그러면 스스로 오합지졸임을 탄식하며 낙담할 것이 분명했다. 그래서 하나님은 그들을 광야 길로 인도하셨다.

이 사실이 위로가 되기를 바란다. 노예들을 잘 아셨고, 그들의 출애굽 후 노정을 계획하고 섭리하신 하나님이, 당신과 나도 잘 아시기에 우리에게 가장 적합한 노정을 계획하고 섭리하셨다. 그 길이 광야여도 말이다. 따라서 우리에게 필요한 것은 고통과 어려움에 대한 발상의 전환이다. 광야 길에서의 힘듦은 피할 수 있는 무엇이 아니다. 다만 전진하여 지나갈 무엇이다. 그러니 광야의 갑갑함과 어려움만 하소연하거나 불평하는 대신에 하나님의 계획과 섭리와 인도하심을 잠잠히 바라보는 것은 어떤가.

광야는 건강한 성장을 위한
절호의 기회다

광야는 하나님의 계획이었지만 그렇다고 목적지는 아니었다. 목적지는 가나안 땅이었다. 그런데 빠른 길을 놔둔 채 돌아가야 했던 그 광야 여정이, 해방 노예들에게는 하나님 나라 백성으로 성장하는 훈련장이 되었다. 이것이 바로 광야를 계획하신 하나님의 뜻이었다.

　　이스라엘 자손은 광야에서 하나님을 향한 믿음이 커지고 진실해져야 했다. 단지 먹을 것과 마실 물 때문에 웃고 울고 싸우던 노예들이, 하나님과 함께라면 그곳이 어디든 '젖과 꿀이 흐르는 땅'이라고 찬송할 수 있을 만큼 거룩하고 건강한 성장을 이뤄야 했다. 결국 무엇을 먹을까 마실까를 찾아 두리번거리던 이들은 물도 없고 방향도 따로 없는 광야를 헤매면서, 오직 하나님만 찾는 백성으로 변화되었다. 오합지졸이던 해방 노예들이 광야를 통해, 은혜로 받은 해방과 자유를 지키기 위해 싸우고 희생하며 인내하는 하나님 나라 백성으로 거듭났다. 비록 40년의 시행착오가 필요했지만.

이스라엘이 오합지졸이었다는 말은 그들이 열등했다거나 문제 인생들이었다는 뜻이 아니다. 다만 훈련받지 못한 자연인이었다는 뜻이다. 인간은 태어나면 그다음 날로 어른이 되지 않는다. 나이를 먹었다고 모두 어른 구실을 하는 것도 아니다. 진정 어른이 되기 위해서는 훈련과 연단이 필요하다. 모세는 애굽 왕궁에서 자라나서 소위 지도자의 '스펙'은 다 갖춘 자였다. 그러나 미디안 광야 40년의 연단이 있었기에 노예들의 지도자로 구실할 수 있었다. 공동체도 개인도 성숙하지 않으면 하나님 나라를 유업으로 받지 못한다. 예수님도 제자들을 3년 남짓 훈련시키신 후에 교회와 선교를, 그리고 하나님의 양 떼를 맡기셨다.

이스라엘에게 '40년의 광야 길'은 깊숙이 배어 있던 약함과 악함을 고치는 데 필요한 시간이고 훈련이었다. 주님의 뜻에 순종하기를 익히고, 떡만이 아니라 주님의 말씀으로 사는 게 진짜 사는 것이란 진리를 깨닫는 데는 훈련이 꼭 필요했다. 그러므로 광야 훈련소는 자녀를 위한 어버이 하나님의 사랑이었으며, 마침내 복을 주려 하신 주님의 애정이었다.

그러니 누구든 지금 광야의 막막함을 느낀다면 두려워

하기보다 훈련, 연단, 성숙을 사모하자. 빠른 길, 편한 길에 현혹되지 말자. 그것이 복이 아니다. 복은 오히려 훈련이다. 훈련과 연단 없이 가나안은 없다.

광야는 임마누엘 하나님으로
충만한 곳이다

광야의 이미지는 결핍이다. 그러나 역설적으로, 그래서 은혜가 충만한 곳이기도 하다. 그것을 알려 주는 이미지가 바로 "구름 기둥과 불 기둥"이다.

> 여호와께서 그들 앞에서 가시며 낮에는 구름 기둥으로 그들의 길을 인도하시고 밤에는 불 기둥을 그들에게 비추사 낮이나 밤이나 진행하게 하시니 낮에는 구름 기둥, 밤에는 불 기둥이 백성 앞에서 떠나지 아니하니라(출 13:21-22)

> 광야는 모든 방향이 길일 수도 있고, 길이 아닐 수도 있

는 곳이다. 그래서 안내자가 필요한 땅이다. 하나님은 안내자를 자청하셨다. 하나님은 구원을 승인하시는 분이 아니라, 구원으로 참여하고 행동하시는 분이다. 떠나지 않는 구름 기둥과 불 기둥으로 광야를 충만케 하시는 임마누엘이다.

구름 기둥과 불 기둥은 어디에도 구속되지 않는 비정형의 자유를 상징한다. 영원한 자유이신 하나님은, 임마누엘의 약속을 위해 당신이 택한 백성과 그들의 노정에 스스로를 매는 분이다. 그러므로 광야 같은 인생길에서 우리의 가장 귀한 보장은 여비가 아니다. 보험증서도 아니다. '임마누엘' 하나님뿐이다.

○ ○ ○

첫 안식년 때, 몇 개월 전에 유학을 시작한 친구 목사가 있는 곳으로 무작정 갔다. 함께 놀자는 약속만 믿었다. 숙식과 여정에 대한 아무런 보장이 없었다. 그래도 기대하고 갔다. 그곳에는 친구가 있었기 때문이다. 그 친구와 함께 매일 시행착오를 겪으면서도 날마다 기대가 되었고 재미도 느낀 안식년 휴가였다. 친구가 있을 뿐인데도 그랬다.

내일 일을 다 알면 좋을 것 같지만 사실은 그렇지 않다. 그처럼 무료한 인생이 또 있을까. 인생 여정을 다 알 필요는 없다. 좋은 안내자나 믿을 수 있는 동행자가 있으면 안심이다. 흔히 부르는 찬송가 가사처럼, 우리는 내일 일을 모른다. 그저 하루하루 살 뿐이다. 불행이나 요행도 뜻대로 할 수 없다. 그러나 임마누엘 주님이 함께하신다. 구름 기둥, 불 기둥으로 광야를 충만하게 하셨듯이 우리의 광야 길도 임마누엘의 은혜로 충만하게 하실 것이다. 믿는다면 '어디든지 가오리다' 하면서 갈 수 있다.

광야 길, 나를 가장 잘 아시는 하나님의 계획을 믿고 기대해 보자. 이 길 끝에 성장해 있을 나를 소망하면서. 함께하시는 주님으로 충만하기를 바란다.

7

죽음의 자리가
구원의 길이 되었다

애굽의 관점에서 보면, '출애굽'은 온 나라의 노예가 탈출한 사건이다. 그것도 짐승과 패물까지 사기 치듯 해서 가져가 버린 황당한 사건이다. 요즘 경우로 바꿔 이해하면, 우리나라에 들어와 있던 다국적 기업이나 외국계 기업들이 기술과 기계를 싹 빼돌리면서 탈 한반도 해 버린 경우와 맞먹는 충격이다. 나라 경제의 동력이 사라져 버린 것이니 말이다. 그런데 그 탈출한 노예들이 해안 길이 아닌 광야 길로 갔다는 것이 아닌가. 거기는 홍해라는 바다를 건너야 광야 깊이 도망칠 수 있는 방향이었다. 바로는 '됐다, 쟤네들이 갇혔다. 다시 가서 붙잡아 와야겠다'라고 판단했다. 그래서 나라의 병거와 지휘관들을 총동원해서 추격했다.

이제 해방된 노예들의 시각으로 이 사건을 보자. 출애굽 할 때는 엄청난 신세계를 기대했다. 그런데 마주한 것은 광활한 광야였다. 그냥 광야 길을 걷게 된 것이다. 이미 힘들고 지쳤는데 그런 자신들의 뒤를 바로의 전차 부대가 추격해 왔다. 심히 두려웠던 노예들은 모세를 사기꾼 원망하듯 원망한다. 그들은 이미 마음으로 패배와 항복을 선언했다.

우리가 애굽에서 당신에게 이른 말이 이것이 아니냐 이르기를 우리를 내버려 두라 우리가 애굽 사람을 섬길 것이라 하지 아니하더냐 애굽 사람을 섬기는 것이 광야에서 죽는 것보다 낫겠노라(출 14:12)

두 장면을 연결해 보면 게임은 끝나 보인다. 그러나 아직 끝나지 않았다고 일러 주는 목소리가 들린다.

모세가 백성에게 이르되 너희는 두려워하지 말고 가만히 서서 여호와께서 오늘 너희를 위하여 행하시는 구원을 보라 너희가 오늘 본 애굽 사람을 영원히 다시 보지 아니하리라 여호와께서 너희를 위하여 싸우시리니 너희는 가만히 있을지니라(출 14:13-14)

"가만히 있으라"는 것은 움직이지 말라거나 아무 말 없이 있으라는 것이 아니라 '두려워하지 말라'는 권고다. 하나님이 알아서 구원해 주실 테니 안심하고 희망하라는 뜻이다. 우리가 아는 바와 같이, 하나님의 명령대로 모세가 홍해바다

위로 지팡이를 들자 큰 동풍이 불어 밤새 바닷물을 물러가게 했다. 마른 땅이 나타났고 해방 노예들은 물 벽 사이 길로 걸어서 홍해를 건넜다. 통과할 수 없는 장벽으로 보이던 바다가 오히려 탈출로가 된 것이다. 그동안 구름 기둥이 애굽 군대와 이스라엘 사이를 막아 주었다. 이어서 홍해 바닥 길로 따라 들어온 애굽 군대는 거기서 혼란에 빠졌고, 모세가 지팡이를 또 내밀자 물이 다시 흘러들어 한 명도 예외 없이 수장되어 버렸다. 하나님의 구원하심이었다.

이 같은 놀라운 일을 경험한 후 하나님께 대한 경외심과 지도자 모세에 대한 신뢰를 회복한 백성이 모세의 지도를 따라 하나님과 하나님이 하신 일을 찬송하는 것이 출애굽기 15장의 내용이다. 이 찬송이 "여호와께서 너희를 위하여 싸우시리니 너희는 가만히 있을지니라"는 선포로부터 시작된다는 것을 우선 짚고 가자. 이 선포가 있었기에 이스라엘은 출애굽이 하나님이 하신 일이란 것을 고백할 수 있었고, 애굽 사람들까지 하나님을 알게 되었다.

내가 바로와 그의 병거와 기병들을 물리치고서 나의 영광을 드러낼 때에, 이집트 사람은 비로소 내가 주님임을 알게 될 것이다(출 14:18, 새번역).

우리가 주목해야 할 것은 이 사건을 통해 이스라엘이 만난 "용사, 하나님 여호와"에 대한 찬양이다.

힘 있고
의롭다

바다가 갈라지는 것을 본 적이 있는가? 진도 앞바다는 일 년에 두 번, 약 30분간 갈라져 바닥이 드러난다고 한다. 제부도도 하루 두 차례씩 바다가 갈라져서 길이 드러난다. 갈라지는 것을 보지는 못했지만, 2.3km가 된다는 그 길로 지나가 보는 것만으로도 충분히 탄성을 발할 만했다. 겸손해지는 것 같기도 했다. 기독교 신앙이 있으면 하나님의 위대한 섭리라고 하고, 기독교 신앙이 없다면 자연의 신비라고 말할 것이다. 아무도 이런 일 앞에서 대통령이나 시장 군수를 떠올리지는 않을 것이다. 현대 문명과 기술을 칭송하지도 않을 것이다. 사람이 어찌할 수 없는 자연의 힘이라는 것을 알기 때문이다.

15장의 찬송은 홍해가 갈라진 사건을 하나님이 하셨다고 선포한다. 이렇듯 출애굽은, 그리고 홍해에서의 승리는 하나님의 힘이 계시된 구원 사건이다. 이는 예수 그리스도의 성육신과 십자가와 부활이 하나님의 사랑이 계시된 구원 사건인 것과 같다. 또한 예루살렘의 한 다락방에서 시작된 기도 공동체가 온 세상의 복음 선교를 담당한 증언 공동체가 된 것이 성령의 권능을 계시한 구원 사건인 것과 같다.

하나님의 힘과 권능은 이렇게 역사를 바꾸고 나라를 바꾸고 사람을 바꾼다. 사람은 못 하는 것을 용사 하나님은 하신다는 말이다. 그런데 용사 하나님에게서 주목할 것은 힘만이 아니다. 성경은 하나님이 그 힘을 애굽에서 갓 나온 이스라엘을 위해 쓰셨다고 선포하며 노래한다.

주의 인자하심으로 주께서 구속하신 백성을 인도하시되 주의 힘으로 그들을 주의 거룩한 처소에 들어가게 하시나이다(출 15:13)

하나님이 그 위대한 힘을 약자를 위해, 쫓기는 노예들을 인도하는 데 쓰셨다는 말은 그분이 의롭다는 선포이며 찬양이다. 하나님은 억압받고 울부짖는 자들의 편에 서셨다. 신약성경은 하나님이 그 힘을 심지어 죄인을 위해 쓰셨다고 전한다. 그래서 하나님의 의가 십자가에 나타났다는 것이다. 그렇다. 하나님은 그 전능한 힘을 약자를 구원하는 데 쓰시는 의로운 분이다. 그래서 하나님은 용사다. 여기에 우리가 들어야 할 복음이 있다. 그리고 반성과 훈련의 포인트가 있다.

여느 시대와 같이 이 시대 또한 힘과 승리를 숭상한다. 그러나 의에 대해서도 그런가. 교회와 성도들에게 힘과 의가 동전의 양면처럼 함께 있을 때, 용사 하나님을 제대로 찬송하는 것이 된다.

정치계, 경제계, 관계, 법조계, 교육계, 문화계, 기업과 노동계, 연예계와 체육계, 군대와 경찰 조직에도 힘 있는 기독교인이 없는 데가 없다. 그런데 의로운 운동이 일어나지 않는다. 일어났다면 빈부의 쏠림 현상이나 미투 운동, 불공정거래, 부정 입학, 청탁 취직, 뇌물 수수, 갑질, 태움 등 우리 사회 전반에서 일어나는 이 불의한 일들이 진즉에 개선되지 않았을까.

의로운 하나님을
닮는 용기

고전평론가 고미숙은 『공부의 달인 호모 쿵푸스』(북드라망, 2012)에 지방 소도시 한 중학교 영재학급에서 주고받은 대화를 싣는다. 왜 공부하느냔 질문에 학생은 '돈을 많이 벌기 위해서'라고 답한다. 아이가 벌고 싶은 돈은 '10억쯤'이다. 지금도 잘사는데 왜 그 돈이 필요한지 묻자 아이는 잠시 생각하다가 말한다. "암튼 10억쯤 있음 마음이 든든할 거 같아요."

저자는 어른들도 툭 까놓고 말하지 않을 뿐이지 거의 비슷할 것이라고 예측한다. 사교육 시장을 분주하게 뛰어다니며 일류 대학 명문학과를 가려고(보내려고) 하는 그 욕망의 뿌리는 10억(혹은 그 이상)이라는 돈이라는 것이다. 여기서 핵심은 "그 돈으로 뭘 하고 싶은데?"라는 질문이다. 좋은 아파트, 좋은 차, 해외여행, 부동산, 노후를 위한 각종 보험 등이 전부였다. 그리고 안타깝게도 이 욕망의 구조를 재생산하고 있다. 이 맹목의 질주에는 아무 이유도, 명분도 없다고 저자는 말한다.

십여 년이 지난 지금은 달라졌을까. 왜 공부하느냐는 질문에, 왜 일하냐는 질문에 당신은 어떤 대답을 하겠는가. 당신의 노력과 열심의 뿌리에는 무엇이 있는가.

힘만, 승리만 바라는 신앙에서 의를 추구하는 신앙으로 우리의 찬양과 기도가, 선교와 교육이 바뀌어야 한다. 낮은 곳을 향하는 용사 하나님을 닮아, 불쌍한 이들을 불쌍히 여기는 마음을 품을 줄 알아야 한다. 하나님의 그 의로우심 덕분에 어리고 약한 당신과 내가 하나님을 만날 수 있었다는 것을 기억하자.

○ ○ ○

애굽의 바로는 감히 여호와를 대적하면서도 그 사실을 깨닫지 못한다. 히브리들 또한 하나님의 보호를 받으면서도 실감하지 못한다. 우리도 그들처럼 보이는 대로 믿고, 아는 대로만 판단할 때가 많다. 그래서 종종 구름 뒤편에 존재하는 태양을 인정하지 않는다. 그러나 보라. 하나님의 임재와 힘 앞에서 인간의 앎과 경험이란 게 얼마나 하찮은지. 건널 수 없는 죽음의 자리로 보이던 바다가 심판의 장소가 되었고, 구원의 길도 되었다.

건방지고 우울한 신념일랑 버리고, '가만히 서서' 여호
와가 당신을 위하여 싸우시는 것을 바라볼 수 있기를 바란다.
걱정은 그만하고 말이다. 더불어 의의 회개를 통해 용사 하나
님을 찬양하고 선포하며 살기로 다짐하자. 힘과 성공보다 의
와 희생의 용기를 더 칭찬해 주며 살아가자. 출애굽 같은 변화
는 의를 추구하며 훈련한 성도들이 힘을 가질 때 일어나는 법
이다.

8

쓴 물이 단물이 되는
기적

찬양의 감격이 채 가시기도 전에, 믿음의 여정에 먹구름이 드리웠다. 마실 물이 없었던 것이다. 마실 물이 없는 일상의 궁핍 앞에서 하나님 신앙은 너무도 허망하게 무너져 버렸다. 구원의 큰일을 경험한 지 겨우 3일이 지났을 뿐인데 구원의 노래는 투덜거림으로 바뀌었고, 히브리들의 희망은 두려움과 원망의 골짜기에 처박히고 말았다.

이때 하나님이 목마른 이스라엘을 구원하신 방식이 눈에 들어온다. 며칠째 물을 마시지 못한 백성이 모세를 원망하자 나뭇가지 하나를 꺾어서 물에 던지라고 하신 대목이다.

마라에 이르렀더니 그곳 물이 써서 마시지 못하겠으므로 그 이름을 마라라 하였더라 백성이 모세에게 원망하여 이르되 우리가 무엇을 마실까 하매 모세가 여호와께 부르짖었더니 여호와께서 그에게 한 나무를 가리키시니 그가 물에 던지니 물이 달게 되었더라… (출 15:23-25)

하나님의 구원 역사야말로 가장 비상식적이고 비경험적이며 비전문가적인, 한마디로 예측 불허할 때가 허다하다. 성육신부터 십자가까지가 다 그렇지 않은가. 노예인 이스라엘 자손을 택한 것이나, 80세 모세를 지도자로 세운 것부터 홍해를 건넌 것까지 다 그렇지 않은가.

하나님은 스스로를 '치료하는 여호와'(출 15:26)라고 계시하신다. 가능성의 여부와 상관없이, 때론 상식과 비상식의 경계를 넘나들며 하나님은 고치는 분으로 우리를 만나 주신다. 그렇다면 과연 무엇을 고치시는가? 성경을 통해서 알수 있듯이, 그 또한 경계와 제한이 없다. 그분의 이름이 '여호와'이시기 때문이다. 몸을 고치고 마음도 고치신다. 자연도 고치고 환경도 치유하신다. 세상을 고치고 나라들도 고치신다. 공동체도 고치고 깨어진 관계도 고치신다.

여기까지도 복음인데, 더욱 큰 복음은 그 치료자 하나님, 고치시는 여호와가 광야 길을 걷는 하나님의 백성과 함께하신다는 사실이다. 그 옛날 이스라엘 백성뿐만 아니라 오늘 우리에게도 그 복이 있다고 말씀이 알려 준다. 당신은 그 복을 누리고 있는가. 누리는 방법을 알지 못한다면 마라의 경험에서 깨달아 보자.

고난과 상처보다
치료자 하나님을 주목하라

목이 타들어 가는 갈증 가운데 쓴 물만 있는 마라의 길을 가고 있어도 자비와 사랑의 눈으로 우리를 보시는 치료자 하나님을 기억하고 의지하면 마라의 괴로움도 소망의 기대로 바뀔 수 있다.

룻기를 보면 남편과 두 아들을 모두 잃고 외국인 며느리 룻과 함께 고향 베들레헴으로 돌아온 나오미가 고향 사람들에게 하는 말이 있다. "나를 나오미(기쁨)라 부르지 말고, 마라(괴로움)라 부르라"(룻 1:20). 나오미에게 남은 것은 절망뿐이었다.

그런데 헤세드, 곧 하나님의 인자와 자비를 경험하면서 그의 생각과 감정이 바뀐다. 하나님의 자비의 마음과 눈을 가졌던 며느리 룻의 영향이었다. "어머니의 백성이 내 백성이고 어머니의 하나님이 내 하나님"이라면서 그녀는 스스로 하나님의 치료의 통로가 되었다.

룻기의 세 주인공, 나오미, 룻, 보아스는 치료자 하나님의 눈으로 서로를 바라본다. 나오미는 혼자된 며느리 룻이 새 신랑을 만나 안식하기를 바라고(룻 3:1), 룻은 어른의 뜻에 순종하지만 그녀의 숨은 의도는 남편과 자식을 다 잃은 나오미에게 '고엘'(기업 무를 자)이 될 수 있는 아들을 안겨 주는 것이다. 한편 보아스는 "현숙한 여인"(11절) 룻의 의도를 이해했기에 그녀를 칭찬하고(10절) 자신도 헤세드를 품고 괜한 소문이 없도록 일을 처리하며 룻에게 충분한 보리를 주어 나오미를 봉양하도록 했다. 그러는 사이에, 자신들도 모르게 하나님 나라 역사를 치료했다. 룻은 보아스와 결혼해서 아들을 낳아 시어머니의 이름을 '나오미'(기쁨)로 찾아 주었고, 그 아들 오벳(나오미의 아들)은 다윗의 할아버지가 되었다. 환란을 당한 한 가정이 위로와 희망의 통로로 세워졌다.

보아스의 재력과 신분, 나오미의 지혜, 룻의 충성이 치료자 하나님의 손길 안에 모아져서 희망의 길을 열었다. 치료자 하나님의 전능하심을 믿고 의지하며 서로에게 헤세드를 베푸는 인생들에게 하나님은 이처럼 훨씬 크고 깊은 구원의 자비를 응답으로 베푸신다.

치료자 하나님의 처방을
청종하라

많은 사람들이 삶에서 뭔가 좋은 결과를 만들어 내야 성공한 신앙생활이라고 생각하지만, 신앙생활을 잘한다는 것은 먼저 잘 듣는 일이다. 고난과 치료라는 체험은 우리가 청종과 순종의 능력을 갖추게 하시려는 하나님의 시험, 곧 은총이다.

마라에서의 기적 이야기 끝에는 하나님이 시험, 곧 테스트를 하신다는 표현이 나온다. "… 거기서 여호와께서 그들을 위하여 법도와 율례를 정하시고 그들을 시험하실새"(출 15:25). 이는 "너희가 내 말을 청종한다면 나의 치료를 받을 것이다"라는 뜻이다. 곧 치료자 하나님의 말씀을 청종하는 것이 치유를 누리는 방법이다. 그러나 우리는 하나님의 말씀을 듣는 듯해도 사실은 안 듣는다. 광야의 백성처럼 목이 곧다.

한번은 용서와 자비에 대한 설교를 했는데, 한 분이 분노와 미움을 가득 안고 찾아와서는 살벌한 이야기를 쏟아놓으셨다. 그래서 아직 예배 참석 전인 줄 알고 예배하며 말씀을 들으면서 하나님의 도움을 구하자고 권했다. 그랬더니 "예배했어요!" 하면서 가 버리셨다. 그날 조금 낙심이 되었다. 듣지 않는다는 현실을 확인했기 때문이었다.

그 주간 새벽기도 때 하나님이 위로와 책망으로 내 마음을 치료해 주셨다. 사무엘상 말씀을 통해서였다. 사무엘에게 이스라엘 백성은 왕을 구했다. 사무엘은 늙었고, 그의 아들들은 부패했다는 게 명분이었다. 그때 하나님이 사무엘에게 말씀하신다. "그대로 해 주어라. 그들은 너를 버리는 것이 아니고, 나를 버리는 것이다"(삼상 8:7). 처음에는 '그래, 하나님 말씀도 잘 안 듣는데 하물며 내 설교쯤이야' 하는 생각으로 위로를 받았다. 그리고 이어서 의외의 감동이 찾아왔다. '너도 내 말 잘 안 들어. 내가 네 말을 듣는 거지.' 하나님이 주신 깨달음에 가슴이 먹먹했다.

○ ○ ○

이제 우리는 겨우 마라의 쓴 물이 단물이 되는 체험을 했을 뿐이다. 그리고 계속되는 시험의 자리에 서 있다. 우리의 여정도 불평으로 점철되고 있지는 않는가. 죄에서 생명으로, 죽음에서 부활로 나를 옮기시는 하나님의 능력을 의심하지는 않지만, 채우지 못한 일상의 부족으로 인해 투덜거림을 날로 더해 가고 있지는 않는가.

하나님은 영생의 소망을 위협하는 죄가 넘실대는 현실에서 우리를 구원하실 뿐만 아니라 우리에게 일용할 양식을 공급하시고, 우리의 상처를 치료하시는 선한 목자다. 이왕 주를 따라나섰으니 즐겁게 노래할 기분이 아니면 부르짖어 기도할망정 투덜거리지는 말자. 우선 솔로몬의 성전봉헌 때 나타나셔서 치료를 약속하신 주님의 말씀을 붙들고 그리하자.

내 이름으로 일컫는 나의 백성이 스스로 겸손해져서, 기도하며 나를 찾고, 악한 길에서 떠나면, 내가 하늘에서 듣고 그 죄를 용서하여 주며, 그 땅을 다시 번영시켜 주겠다(대하 7:14, 새번역).

할 일은 겸손한 자세로 기도하며 하나님의 말씀을 듣는 것뿐이다. 막대기 하나로 구원에 이르는 치료를 행하시는 하나님을 오직 믿음으로 바라보며.

9

광야를 건너는 법
세 가지

출애굽 이후 히브리들은 광야를 두 달 하고도 보름 동안 걸었다(출 16장). 얼마나 힘들었을까. 엘림을 떠나 광야로 더 들어오니 다시 목이 말랐다. 신선한 음식이 먹고 싶었다. 그들 믿음의 밑천이 드러났다. 못된 버릇이 또 나왔다. 애굽을 돌아보며 떠난 것을 후회하고 모세와 아론을 원망했다. 비록 노예였지만 신선한 음식을 먹을 수 있었다는 그리움이 생겼다. 애굽을 떠난 것을 후회하기 시작했다. "당신들 때문에 우리가 굶주려 죽게 됐다"라고 소리쳤다.

하나님이 출애굽의 길을 여실 때는 이스라엘이 하나님과 모세에게 열광했었다. 그러나 광야를 걷다 보니 자꾸 헷갈렸다. 물도 양식도 걱정거리가 되면서, 지금 광야 위에 있는 것이 과연 맞는 일인지 의심마저 들었다. 이스라엘에게는 여전히 '먹을 것을 주는 사람'을 믿고 따르려는 마음이 있었던 것이다.

이들이 이렇게 40년을 살았다는 것을 우리는 알고 있다. 참 짠하지 않은가. 그런데 남 걱정할 게 아니다. 우리라고 다를까. 살다 보면 모든 것이 마땅치 않고 지난날의 선택이 후회되며 사람도 환경도 그저 원망스럽기만 한 시절을 만난다. 광야다. 이 광야를 어떻게 건너야 할까? 말씀에 의지해서 광야를 건너는 법 세 가지를 살펴보자.

일용할 은혜로
살자

광야를 건너는 첫 번째 방법은 하루씩 사는 것이다. 우선 또다시 못살겠다고 원망하는 이스라엘 백성의 말을 들어 보라.

> … 애굽 땅에서 고기 가마 곁에 앉아 있던 때와 떡을 배불리 먹던 때에 여호와의 손에 죽었더라면 좋았을 것을 너희가 이 광야로 우리를 인도해 내어 이 온 회중이 주려 죽게 하는 도다(출 16:3)

그들의 불만 섞인 불평에 하나님은 "하늘에서 비같이 내리는 양식"을 약속하셨다. 바로 '만나'다. 사람들이 '이게 뭐지?'라는 의미의 히브리말 "만후?" 하다가 '만나'가 되었다고들 하는 그 만나다. 이스라엘 백성은 광야를 못 살 곳으로 규정했지만, 하나님은 그곳에 양식을 '비같이' 내리겠다고 하신다. 한마디로 먹을 것이 끊이지 않게 하시겠다는 뜻이다. 신기한 것은 그게 딱 하루씩 살게 하는 양식이었다는 점이다. 매일 아침, 그날의 만나를 거두어야 했다. 하루씩 사는 것이 지혜고, 하루치의 은혜로 살아내는 게 믿음이라는 것을 가르쳐 주시는 것이다.

광야 같은 세상을 살면서 우리는 가끔 답답해 미치려고 한다. 그래서 "언제 끝납니까?" 하고 외친다. 이 아픔이, 이 가난이, 이 억울함이, 이 고난이 과연 언제 끝나는 것이냐고 소리치며 울부짖는다. 그러나 만약 언제 끝나는지 알았다면 지난날이 더 쉬웠을까? 끝을 알면 지금의 고통과 괴로움을 불평이나 원망 없이 인내할 수 있을까? 희망이 생기고 용기가 생길까?

시간은 하나님께 맡기자. 우리가 알아야 할 것은 '오늘'의 은혜가 약속되어 있다는 사실이다. 우리의 광야생활이 아무리 험난해도 하나님은 그날의 양식을 성실히 예비해 두셨다. 그 은혜를 믿자. 그리고 그 하루의 은혜, 한 날의 지혜, 일용할 양식, 곧 만나를 성실히 거두며 살자. 하루의 은혜가 쌓여서 여기까지 살게 했으니, 또 그 은혜가 쌓여서 이 광야 길을 감당하게 될 것이다.

하나님의 말씀을
따라가자

히말라야 고산족은 양을 매매할 때 크기가 아니라 양의 성질에 따라 값을 매긴다고 한다. 그 성질을 테스트하는 방법이 흥미롭다. 가파른 산비탈에 양을 두고, 팔고 살 사람이 함께 지켜본다. 이때 양이 풀을 뜯으며 비탈 위쪽으로 올라가면 말랐어도 값이 오르고, 비탈 아래쪽으로 풀을 뜯고 내려가면 살이 쪘어도 값이 내려간다. 위로 올라가는 양은 힘든 길도 뚫고 가서 먹을 것을 찾겠지만, 아래로 내려가는 양은 당장은 볼품이 있어도 협곡 바닥에 이르러선 굶주려 죽을 것이기 때문이다.

하나님은 위로 향하는 양 같은 백성을 만들고 싶으셨다. 그래서 광야라는 학교에 이스라엘을 입학시키셨다. 그리고 매일 쪽지 시험을 치르게 하셨다.

하나님은 일용할 양식을 약속하시면서 "시험하리라"고 말씀하신다(출 16:4). 시험의 내용은 이후에 나온다. 매일 먹을 만큼, 곧 2리터쯤 되는 양을 사람마다 거두어서 먹는 것이다. 그리고 아침까지 남겨 두지 말라고 하셨다. 이것이 시험문제였다.

어렵지 않았다. 다음 날 아침에 또 반갑게 하루치 은혜인 만나를 거둘 수 있었기 때문이다. 그런데 하나님 말씀을 어기고 남겨 둔 이들이 있었다. 그들은 그래도 될 것으로 판단했다. 그러나 남겨 둔 만나는 벌레가 생기고 냄새가 나서 먹을 수 없었다.

광야는 '말씀대로 순종하기'를 배우는 학교다. 죄인인 우리는 저마다 불순종의 유전자, 제 생각대로 사는 교만의 유전자를 가졌다. 문제는 우리가 우리 안의 열악한 유전자를 깨닫지 못할 때가 많다는 것이다. 게다가 말씀대로 살다가는 배고플 것 같고, 왕따를 당할 것만 같고, 뒤처질 것 같고, 남들처럼 못살 것 같다는 두려움과 의심의 유전자, 곧 불신앙의 유전자까지 가지고 있다. 이것이 바로 훈련이 필요하고 학교가 필요하고 시험(test)이 필요한 이유다.

우리는 지금 '광야'라는 학교에 들어와 있다. 말씀대로 살아야 졸업장이든 자격증이든 학위든 상이든 받을 수 있는 학교다. 그러니 말씀대로 살기를 배우자. 아브라함 때의 이야기부터 신 광야의 이야기까지 믿음의 여정은 죄다 '말씀을 따라가는 것'으로 정의된다. 말씀대로 믿어 보자. 말씀을 따라 기도하고 저항하고 거절하고 연대하자. 말씀대로 희망하며 기다려 보자. 말씀을 따라 사랑하고 전도하자. 그것이 하나님 나라 백성의 삶이다. 그래야 광야를 건널 수 있다.

날마다
'출애굽' 하자

출애굽한 이스라엘 자손은 자주 뒤돌아보았다. 그들이 떠나온 곳, '애굽'이 있는 쪽이다. '선진국'이자 경제대국의 방향이고, 소위 일등이 가는 쪽이다. 자유고 나발이고 먹고사는 걸 해결했던 그때를, 그곳을, 자주 본다. 그럴수록 광야를 건너는 일은 더 힘들어지는데도 그들은 그랬다. 하나님 백성이 아닌 애굽의 노예다운 태도가 아닌가. 도대체 왜 그랬을까?

그들이 한심하게 여겨질지 모르지만, 우리도 그런다. 사는 게 만만찮아지면 하나님 나라 백성의 격을 포기하고, 종의 근성을 따라 생각하고 행동한다. 먹고사는 문제에 매몰되어 부끄러운 발상을 부끄러운 줄도 모른 채 가진다. 이래서는 광야를 건널 수 없다. 광야는 출애굽 정신을 잃지 않아야 지날 수 있다. 하나님의 약속을 붙들고 창의성과 모험심을 잃지 말아야 한다. 날마다 애굽을 거부해야 한다.

우리가 사는 세상은 이른바 선진 강대국이 가는 방향으로 흐르는 것이 익숙하다. 자본의 흐름도, 노동력의 흐름도, 지식과 정보의 흐름도 모두 그렇다. 많이 가지는 것, 더 높이 올라가는 것을 중요하게 여긴다. 문제는 출애굽 했다는 하나님 나라 백성마저 그러고 있다는 점이다. 오히려 애굽의 반대쪽으로 가야 하는데도 불구하고, 여전히 익숙한 '안전빵'을 찾고 있다. 먹고사는 것을 가장 중요하게 여기는 탓이다.

출애굽 비전의 시작은 '떠남'이라는 것을 잊지 말자. 안일한 일상을 떠나고, 익숙한, 그래서 편한 삶과 작별하는 것이다. 출애굽 정신을 잃으면 하나님 나라를 향해 가는 창의적이고 모험적인 노마드가 될 수 없다. 출애굽 한 것 같고, 했다고 자부하지만 실상은 광야 어디쯤에 애굽을 닮은 B급 애굽을 만들어 놓고 하나님 나라인 척하며 살게 될 뿐이다.

○ ○ ○

첫 성지순례 때 짧은 일정에 쫓겨서 순례길을 거꾸로 갔다. 이스라엘에서 이집트로 향하면서 해안 길을 택했다. 국경을 넘은 후로 오른쪽은 지중해, 왼쪽은 광야였다. 몇 시간이 지나자 카이로에 도착했다. 그리고 몇 년 전에 다시 한 번 순례길을 갔다. 이번에는 광야 길이었다. 카이로를 떠나 시내산을 거쳐 이스라엘 땅에 들어가는 데만 꼬박 이틀이 걸렸다. 끝도 없는 광야 길을 차로 달렸다. 만약 관광이나 시내산 순례라는 목적이 아니라면 해안 길을 택하는 것이 맞다. 그게 상식적이고 효율적이다.

하나님은 이스라엘 백성을 상식과 효율로 대하지 않으셨다. 오직 하나님을 경외하고 하나님만을 따르는 하나님 나라 백성으로 부르셨다. 그들이 광야를 걷게 하신 것은, 그들을 향한 하나님의 사랑이고 자비였다.

지금 광야를 걷고 있다면 하나님의 사랑과 자비라는 것을 잊지 말아야 한다. 그리고 잘 건너가야 한다. 하나님은 이미 우리에게 잘 건너갈 방법을 일러 주셨다. 일용할 은혜로 살 것, 하나님의 말씀을 나침반으로 삼을 것, 애굽을 거부하고 날마다 하나님 나라를 향한 노마드 정신으로 나아갈 것. 그래야 광야를 건널 수 있다. 두려워하지 말자. 의심하며 멈추지 말자. 뒤돌아가지 말자. 계속 나아가서 하나님 나라의 백성답게 거룩해지자. 젖과 꿀이 흐르는 땅을 상속하고 다음세대에게 물려주자. 꼭 그러자.

10

광야 길의
목표

예배 때나 일상에서 자주 건네는 인사가 있다. "좋은 일이 있을 겁니다." 이것이 믿어지는 게 희망이고, 안 믿어지는 게 광야다. 좋은 일이 일어나리라는 게 믿어지지 않아서 불평하고 원망하다 지친다. 낙심하고 절망한다. 그리고 그렇게 살다 보면, 믿음도 소망도 잃어버린 삶에 익숙해진다. 이것이 무서운 '광야병'이다. 이 병의 증세는 "우리가 다 죽게 되었다"이다. '내 인생은 이제 끝났어', '더 이상 뭐가 나아지겠어?', '난 안돼'…. 소망을 품는 것을 마치 사치인 양 여기며, 현실에 매몰되어 죽지 못해 살아간다.

출애굽기 17장을 보니 또다시 물이 문제가 되었다. 마실물이 없었다. 그런데 이스라엘 백성은 시내산이 있는 신광야에서부터 만나와 메추라기를 먹고 있었다. 먹는 문제를 하나님이 친히 도우신다는 것을 이미 경험했던 것이다. 그럼에도 그들은 모세와 다투고 모세를 원망한다. "우리와 우리 자녀와 우리 가축이 목말라 죽게 하느냐!" 광야병이다.

광야에서, 광야 시대에, 광야병을 물리치고 인생 여정을 믿음과 소망으로 걸어갈 수는 없을까? 있다!

광야 길의 목표를
확인하라

이스라엘의 문제는 광야를 걸으면서 구원자 하나님과 친밀해지기보다 광야생활에 익숙해져 버린 것이다. 그들은 광야의 문제들을 해결하느라고 지쳤다. 불평이 많아지고, 원망이 늘어나고, 다툼은 일상이 되어 버렸다. 그러나 광야 길의 목표가 무엇인가? 물을 만들어 내고, 먹을 것을 찾아내는 것인가? 아니다. 우리와 함께하시는 임마누엘 하나님과 친밀해지는 것이 광야 길의 목표다.

하나님은 우리에게 젖과 꿀이 흐르는 땅을 약속하셨지만, 이보다 더 크고 본질적인 약속은 임마누엘이다. 젖과 꿀이 흐르는 땅만이 약속이라면 광야는 하나님이 안 계신 곳이고, 따라서 실패이자 결핍이다. 그래서 그곳에서 얼른 벗어나는 것만이 목표가 된다. 그러나 하나님은 우리에게 언제든 임마누엘을 약속하셨다. 광야 길의 불 기둥, 구름 기둥으로 그것을 입증하셨다. 이것을 복음으로 듣고 믿을 때, 매일 만나만 먹으면서도 하나님의 거룩함을 찬양할 수 있다.

이스라엘이 애굽에서 나온 것은 애굽에서보다 잘 먹고 잘 입고 잘살기 위해서가 아니었다. 하나님의 백성으로 살기 위해, 하나님을 예배하기 위해 나온 것이다. 그러므로 광야에서는 물이 있다거나 짐승의 수가 늘었다는 것으로 안심하기보다 하나님이 우리와 함께하시며 약속을 이루기 위해 일하신다는 것을 자랑해야 하는 때였다.

아프고, 실패하고, 꼬이고 그러면 좀 어떤가. 비록 오늘은 재앙을 만나 두려워도, 그동안의 경험이 실패로 돌아가도, 예상되는 앞날이 어두워도, 굴욕적인 유배생활을 하고 있어도 전능하신 하나님이 여전히 우리와 함께하시지 않는가. 그러니 문제해결에 매달리다가 당신의 광야를 '맛사'나 '므리바'로 만들지 말자.

이스라엘 자손이 거기에서 주님께 대들었다고 해서, 사람들은 그곳의 이름을 므리바라고도 하고, 또 거기에서 "주님께서 우리 가운데 계시는가, 안 계시는가?" 하면서 주님을 시험하였다고 해서, 그곳의 이름을 맛사라고도 한다(출 17:7, 새번역).

바른 목표에 집중할 수 있어야 한다. 세상의 많은 소리 가운데 하나님의 말씀을 분별하여 들을 때, 바른 목표에서 벗어나지 않는다. 그렇게 임마누엘 하나님을 느끼고 하나님과 친해져서 그분의 은혜와 그분의 거룩함을 드러내자. 그것이 우리가 광야에서 할 일이다.

여호와 닛시의 깃발을
세우라

한낱 무당도 귀신의 임재를 알리는 깃발을 세운다. 그러니 하나님의 백성이라면 하나님의 임재와 그분과의 친밀함을 알리는 깃발을 반드시 세워야 한다. 그 깃발은 바로 기도다.

이스라엘에게 목마름만큼이나 심각한 문제가 터졌다. 아말렉이 싸움을 걸어온 것이다(출 17:8). 예전 같으면 적과 싸우는 동시에 자기들끼리도 다투고, 주님께는 불평하느라 정신없었을 것이다. '죽겠다' '못살겠다' '물어내라' 난리를 피우다 지쳤을지도 모른다.

그런데 9절부터 나타나는 이스라엘의 모습은 조금 다르다. 우선 모세는 싸움판을 여호수아에게 맡기고 산꼭대기에 올랐다. 거기서 팔을 들고 기도했다. 아론과 훌이 그의 팔을 붙들고 함께했다. 반전이 아닌가. 모세가 싸움판을 맡긴 대상은 여호수아가 아니라 여호와 하나님이었다. 임마누엘이신 하나님을 믿고 그분께 싸움을 맡긴 것이다. 보다 정확하게 말하면, 하나님의 싸움에 참여하기 위해서였다. 사실 그것이 모세와 리더십들이 힘써야 했던 일이다. 리더십의 본질은 기도였다. 기도가 여호와 닛시, 곧 승리의 깃발이었다.

세월이 한참 흘러, 기도하는 사무엘이 왕국 이스라엘의 승리의 깃발이었던 것처럼, 오늘의 교회와 교회의 리더십은, 그리고 하나님 나라 백성인 우리는 기도로 여호와 닛시의 깃발을 세워야 한다. 광야살이 중에 잡다한 바쁨과 다툼이 습관이 되고 문화가 될 만큼 기도와는 멀어졌다면, 어서 기도의 자리로 돌아가기를 바란다. 문제해결을 위해 밤낮으로 회의를 하며 전략을 짜도, 기도가 빠져 있다면 그 모든 노력은 하나님 나라 노정에서 오히려 장애가 되기 쉽다. 기도보다 광야살이에서 더 거룩한 일은 없다.

○ ○ ○

　우리는 앞날에 대해 희망찬 생각을 갖기보다 부정적인 생각을 하는 경우가 많다. 좋은 일이 다가오리라는 기대보다 어렵고 괴로운 일이 닥칠까 두려워하며 피해 갈 궁리를 더 많이 하면서 사는 것 같다. 많은 사람들이, 심지어 매주 교회에 나와 예배를 드리는 사람들조차 새해가 시작되거나 중요한 일을 앞두고 철학관으로 도령이나 도사를 찾아가는 이유도 그것이 아니겠는가.

　오늘 우리는 불 기둥, 구름 기둥보다 더 확실한 임마누엘의 약속과 표적 앞에 있다. 예배와 예식이다. 여기에 집중하자. 걱정과 염려와 다툼의 광야로, 그 익숙함으로 되돌아가지 않기를 바란다. 실패와 결핍만 생각하느라 곁에 계신 하나님과 가까워질 기회를 놓치는 일도 없기를 바란다. 삶의 문제를 해결해 보겠다고 혼자 애쓰지 말고, 임마누엘 주님과 동행하는 기도생활을 회복하자. 우리와 함께하시는 주님과 친밀하게 발을 맞추며 가자. 물이 없어 목마른 고통도, 세상이 걸어오는 싸움도 넉넉히 해결하면서 주님의 능력과 사랑을 선포하겠다는 비전을 갖자.

하나님께는 당신과 나를 향한 희망찬 계획이 있다. 먼저 그것을 믿어야 한다. 주님 안에서 살아가는 우리가 어떤 상황에서도 외칠 복음은 이것이다. "좋은 일이 있을 것이다."

11

하나님과 함께
꿈꾸는 자들만이

하나님이 다스리시는 나라, 곧 의와 평화로 살아가는 나라를 꿈꾸며 광야를 건너던 이스라엘 백성은 그 꿈을 명확하게 해 보자며 가나안에 정탐꾼을 보낸다. 그런데 정탐꾼들은 오히려 그 땅에 가서 꿈을 잃었다. 그 대신 '메뚜기 콤플렉스'라는 절망의 병을 얻어 왔다. 땅은 좋으나 그 땅 거민들은 무시무시해서 그들 앞에 선 우리는 메뚜기 같다는 것이었다.

악평과 나쁜 소문은 왜 더 빨리 퍼지는 걸까. 열 명의 정탐꾼이 가져온 두려움과 열등감은 이스라엘 모든 이들 사이에 급속히 퍼져 버렸다. 이스라엘 백성 대부분에게 가나안 땅 정복은 불가능한 것으로 기정사실화되었다. 절망은 전염병보다 더 빠르게 퍼져 나가 백성들은 밤새 통곡했다. 그들은 모세와 아론을 또다시 원망하며 애굽 땅이나 광야에서 죽지 않은 것을 한탄했다. 애굽으로 돌아가자는 여론이 생겼고, 다른 지도자를 세워서 애굽으로 돌아가자는 반동의 뜻이 구체화되기까지 했다. 그것을 막으려고 모세와 아론은 백성 앞에 엎드렸고, 갈렙과 여호수아는 옷을 찢으며 하나님을 거역하지 말자고 하소연하며 백성을 타일렀다. 그러나 결국 온 회중은 그들을 돌로 쳐 죽이려고 했다.

그때 하나님이 신적 행동으로 그들의 더 큰 죄는 막으셨지만(민 14:10, "여호와의 영광이 나타났다"), 하나님 나라를 이스라엘과 함께 이루겠다는 비전과 약속은 접겠다고 하셨다. 전염병으로 온 백성을 멸하고 모세와 더불어 더 크고 강한 나라를 새로 이루자는 말씀도 하셨다(12절). 하나님 나라의 위기였다. 정확하게 말하면, 이스라엘을 통해 이루시려던 하나님 나라 비전의 위기였다.

모세가 다시 한 번 하나님 앞에 엎디었다. 모세의 이름이 높아지기보다 하나님의 이름과 권능이 높임을 받아야 하나님 나라인데, 이 백성이 광야에서 다 죽으면 하나님의 이름을 누가 높이고 하나님의 능력을 누가 인정하겠느냐고, 엎디어 기도하며 하나님을 달랬다. 모세의 기도가 얼마나 메시아 예수의 기도와 닮아 있는지 놀라울 뿐이다.

"이스라엘 백성을 멸하시는 것보다 더 큰 권능을 나타내십시오. 원래 하나님이 그러하시듯 노하기를 더디 하시고 자비를 베풀고 용서하시는 분임을 드러내소서. 혹 형벌을 주시더라도 아비의 죄악을 삼사 대까지만 묻겠다고 하지 않

으셨습니까. 주님, 크신 사랑으로 부디 이 백성을 불쌍히 여기소서!"(민 14:17-19, 저자 요약)

이 기도에 대한 하나님의 응답은 크게 보아 두 가지였다. 하나는, 하나님의 비전, 곧 이스라엘과 함께하는 하나님 나라의 꿈을 포기하지 않으신 것이다. 반면에, 또 다른 응답으로 광야의 기성세대, 정확히는 20세 이상에게는 그들의 악다구니대로 갚으셨다. 당장은 아니지만 광야에서 다 죽게 하신 것이다. 여호수아와 갈렙, 곧 꿈꾸는 자들 외에 20세 이상이 된 야곱의 후손은 아무도 가나안 땅에 들어갈 수 없게 되었고, 그 자녀들은 광야생활을 통해 다시 훈련받고서 들어가야 했다.

이 말씀에서 우리는 좋은 소식과 경고의 말씀을 함께 듣는다. 우리는 이것을 큰 교훈으로 들어야 한다. 좋은 소식은 무엇인가? 하나님은 하나님 나라의 비전을 결코 포기하지 않으신다는 의지다. 경고의 말씀은 무엇인가? 하나님과 함께 꿈꾸는 자들만이 하나님의 비전, 곧 하나님 나라를 누리게 된다는 하나님의 다짐이다.

그렇다면 하나님 나라를 꿈꾼다는 것은 어떻게 하는 것

일까? 모세와 아론, 갈렙과 여호수아를 통해 배울 수 있다.

하나님 나라의 꿈과 그것을 이루시는
하나님을 향한 믿음을 포기하지 않는다

하나님을 믿으면 하나님이 하신 일을 알게 되고, 하나님이 하시는 일을 보게 되고, 하나님이 하실 일을 희망하게 된다. 이것이 곧 예언이고 예언자다. 현대어로 바꾸면 비전이고, 비저너리다. 점쟁이와 예언자가 다른 지점이 여기다. 점쟁이는 인간의 길흉화복에 매달리지만, 예언자는 하나님의 꿈과 영광에 매달린다. 가짜 예언 사역자와 진짜 비저너리의 차이점도 이것이다. 짝퉁은 하나님의 꿈보다 사람의 성공을 지지해 주는 대신 인기와 돈을 얻는다. 그러나 진짜 비전의 사람은 하나님의 꿈을 품고 하나님의 뜻이 이루어지는 삶을 위해 자신의 꿈과 명예와 돈을 희생한다. 아예 인생을 건다. 목숨까지도 말이다.

모세가 열두 명의 리더들을 정탐꾼으로 보낸 것은, 그들이 비전의 사람이 되기를 기대했기 때문이다. 더 나아가 그 땅으로 전진할 때 바른 전략을 세우고, 위기 때엔 백성을 안정시키며, 닥친 문제들을 해결하는 전술을 신속하게 개발하기 위해서였다. 한마디로 주님의 약속, 곧 비전에 순종하기 위한 준비였다.

그러나 정탐꾼이 된 리더들은 비전을 갖지 못했다. 하나님 나라의 꿈이 아니라 '내 나라'의 꿈을 꾸고 있었기 때문이다. 그래서 두려움에 사로잡혔고, 하나님이 하실 일을 희망하지 못하니 스스로 메뚜기가 되고 말았다. 똑똑한 이성과 경험을 통한 판단력으로 하나님을 거역하고 말았다. 하나님의 신비한 인내와 신실하심이 아니라면 이스라엘이 약속의 땅을 차지하는 기적은 일어나지 않았을 것이다.

모세와 아론만이, 갈렙과 여호수아만이 미련하게 보일 정도로 하나님 나라의 꿈과 그것을 이루실 하나님을 향한 믿음을 붙들었다. 결국 그 믿음을 포기하지 않은 자들만이 하나님 나라의 꿈과 현실을 누릴 수 있었다.

사람의 꿈은 몇 번 곤두박질하면 꺾인다. 환경과 상황에 따라서 적당히 타협하게도 된다. 그러나 비전은, 곧 하나님의 언약에 대한 신뢰는 현실의 조건과 경험 때문에 꺾이지 않는다. 오히려 현실을 바꾸는 동력이 된다.

하나님 나라의 꿈을 이루기까지
인내와 자비를 포기하지 않는다

독재정부 때 누명을 쓰고 고통받았던 분들이 재심을 통해 그 누명을 벗는 경우를 간혹 본다. 때로 진실이 인정받기란 이처럼 매우 어렵다. 반면에 뜬소문이나 모함, 과장, 가짜뉴스, 악성댓글 같은 것들에 휩쓸리는 것은 쉬워 보인다. 이처럼 거짓의 영향력이 강한 세상에서 잘못된 여론과 악평에 반해 옳고 바른 꿈을 지켜 내려면, 하나님을 닮지 않으면 안 된다. 특히 하나님의 인내와 자비를 닮아야 한다.

인내란 무엇인가. 다시 꿈꾸는 일을, 다시 시작된 광야의 고단함과 함께 담담히 또는 감사로 감당하는 것이다. 꿈을 향해 '모든 악조건과 허무에도 불구하고' 한 걸음 또 내딛는 것이며, 그와 동시에 꿈을 접은 이들을 정죄하기보다 그들을 위해 기도하는 것이다. 돌로 쳐 죽인다는 위협과 위험에 직면해서도 자비를 포기하지 않는 것이다.

믿음을 갖자고 격려하는 갈렙과 여호수아의 외침은 열 명의 두령들이 전하는 악평(나쁜 소문)에 묻히고 말았다. 절망과 정죄와 두려움의 기운은 미세먼지 지독한 날처럼 자욱하게 퍼져 나가 하나님 나라의 꿈을 못 보게 했고, 이스라엘 공동체의 인내와 자비를 마비시켜 버렸다. 이 같은 상황에서 누구보다 절망할 수밖에 없었던 사람은 갈렙과 여호수아였다. 그러나 그들은 인내했다. 진실을 외치다가 메아리가 없다고 절망하지 않았다. 오히려 자신들을 정죄하는 이들을 용서해 달라고 기도했다. 하나님의 자비에 호소했다. 이런 것이 진짜 용기다. 모세가 정탐꾼으로 출발하던 두령들에게 부탁했던 한 가지, 곧 "담대하라!"에 순종한 모습이다.

사람마다 정도의 차이는 있지만, 대체로 우리는 우월감과 열등감에 반복적으로 지배를 받으면서 살기 쉽다. 뭔가 된다 싶으면 '역시 나야!' 으쓱하고, 그러다가 장애를 만나면 '내가 그렇지 뭐' 하며 낙심한다. 극단으로 치우치지 않는 것이 성숙이다. 성숙을 위해서는 외부상황에 따라 일희일비하

지 않는 담대함이 있어야 한다. 그 담대함은 하나님을 온전히
신뢰하는 데서 비롯된다.

○ ○ ○

'호메오스타시스'homeostasis라는 말이 있다. 사전적으로
는 '생물체가 여러 환경 변화에 대응하여 내부 상태를 일정하
게 유지하는 현상'을 뜻한다. '항상성'으로 번역할 수 있다.
사회 조직 등의 '평형 유지력'을 뜻하기도 한다. 비전의 사람,
하나님 나라를 꿈꾸는 사람에게서 볼 수 있는 것이 바로 이런
항상성이다. 하나님 나라의 꿈이 그들을 흔들리지 않도록 붙
든다. 그래서 그들은 늘 담대하다. 항상 기뻐하고, 쉬지 않고
기도하며, 범사에 감사하면서 절망과 정죄와 원망과 폭력성
으로 대표되는 두려움의 물결에 휩쓸리지 않는다. 이 물결을
거스르며 갈렙과 여호수아는 40년을 살아냈다. 공동체와 역
사의 물결이 오히려 이들의 비전과 꿈을 따르기까지 담대하
게, 믿음과 꿈과 인내와 자비를 지켜 냈다. 그리고 마침내 그
들은 다음세대를 이끌고 하나님 나라의 꿈을 이루는 기쁨을
누렸다.

오늘도 광야는 여전하다. 우리 마음을 약하고 어둡고 미련하게 만드는 거짓 소리들이 넘쳐난다. 하나님의 구원행동을 잊었거나 '담대함'과 믿음을 잃으면 휩쓸리기 쉽다. '메뚜기 콤플렉스'에 사로잡히고 마는 것이다. 당신 안에는 그런 열등감이 없기를 바란다. 무엇보다도 그리스도 예수로 계시된 하나님의 사랑과 구원의 능력을 신뢰하라. 하나님이 하실 일을 기대하며 믿음과 비전, 인내와 자비라는 동력을 잃지 말라. 그러면 당신은 메뚜기 콤플렉스 대신 '하나님의 백성'이라는 자부심과 감사를 느낄 것이다.

12

깊은 광야,
더 깊은 자비

이스라엘 백성은 출애굽 이후 수르광야, 신광야, 바란광야를 거쳐 또 다른 신광야에 이르렀다. 그곳 가데스에서 정탐꾼의 보고에 절망해 울고불고하다가 40년을 허비했다. 그 40년 이야기는 민수기가 생략한 것으로 보인다. 그리고 다시 가데스에 이르게 되었다. 두 번째로 온 것이다.

그사이 세대가 바뀌었다. 광야 세대는 얼마나 변했을까. 부모 세대인 출애굽 세대보다 더 성장했을까. 민수기 20, 21장은 이 무렵 이스라엘 공동체의 분위기가 어땠는지를 느끼게 해 준다. 우선 말할 수 있는 것은 '광야가 깊어졌다'는 점이다. 20장만 보아도 죽음 이야기가 두 번 나온다. 모세의 누이 미리암이 죽었고, 형이자 첫 제사장이던 아론이 죽었다. 그리고 모세는 늙었다. 출애굽 세대는 확실히 저문 것이다.

그런데도 여전히 광야는 그들의 현주소였다. 형편은 더 열악해졌고, 가나안을 목전에 두고 여정은 또 틀어져 버렸다. 물 한 모금도 손실을 끼치지 않고 그저 지나만 가겠다는 이스라엘의 청은 거절되었다.

청하건대 우리에게 당신의 땅을 지나가게 하소서 우리가

밭으로나 포도원으로 지나가지 아니하고 우물물도 마시지 아니하고 왕의 큰길로만 지나가고 … 에돔 왕이 대답하되 너는 우리 가운데로 지나가지 못하리라 내가 칼을 들고 나아가 너를 대적할까 하노라(민 20:17-18)

에돔과 싸우는 것에 자신 없던 이스라엘은 다시 또 멀리 돌아가는 길을 택할 수밖에 없었다. 형제 부족이란 기대 때문이었을까. 에돔에게 거절당한 후유증은 컸다. 광야 세대의 마음이 상했다.

백성이 호르 산에서 출발하여 홍해 길을 따라 에돔 땅을 우회하려 하였다가 길로 말미암아 백성의 마음이 상하니라(민 21:4)

개역개정의 '마음이 상하니라'를 표준새번역은 '조급했다'로, 공동번역은 '참지 못했다'로 표현한다. 그만큼 광야는 깊어졌고, 또 그만큼 사람들의 심성이 광야를 닮아 가고 있었다. 그들은 구세대가 그랬듯이 하나님과 모세를 원망한다.

그런데 이 같은 실패와 다툼보다 더 무서운 것은 '(필요한) 모든 것이 없다'고 느끼는 광야의 정서다. 백성은 하나님께 받은 은혜마저 부정할 지경에 이르렀다.

… 어찌하여 우리를 애굽에서 인도해 내어 이 광야에서 죽게 하는가 이곳에는 먹을 것도 없고 물도 없도다 우리 마음이 이 하찮은 음식을 싫어하노라 하매(민 21:5)

은혜로 주신 만나마저 '하찮다' 할 만큼 그들은 강퍅해졌다. 하나님이 아닌 광야가 공동체를 지배했다. 결국 그들은 또 자신이 원망했던 말대로 겪고야 말았다. 불뱀이 나타나 '광야에서 죽일 작정이냐'고 대들던 백성을 물었고, 죽은 자가 많았다.

그제야 백성은 회개했다. 모세는 다시 그들을 위해 중보기도를 했고, 하나님은 이스라엘이 살길을 마련하셨다. "놋뱀을 만들어 장대 위에 달라. 그것을 쳐다보는 자는 산다." 그 덕에 이스라엘은 다시 살아났다.

가만히 보면 각자 자기 자리로 돌아가는 것이 살길이었

다. 백성은 회개하며 순종하고, 지도자는 중보하며 기도하고, 하나님은 자비로 살길을 마련하시는 것. 이것이 바로 하나님의 다스림이 이루어지는 하나님 나라의 실현이 아닌가.

광야가 계속되어도, 광야가 깊어져도 하나님 나라가 회복되거나 여전하다면 우리에게 구원의 희망은 있다. 아니, 반드시 산다. 어떻게 하면 하나님 나라를 회복할 수 있을까? 광야가 깊어질 때, 하나님의 백성으로서 무엇을 해야 할까?

하나님의 자비가
광야보다 크다는 것을 기억하자

광야에서는 물과 양식이 은혜로 여겨진다. 그러나 정말 큰 은혜는 그 모든 것의 주인이신 하나님이 우리와 함께 계신다는 사실이다. 의롭고 자비로우신 하나님이 죄로 죽어 마땅한 우리와 함께하신다. 이것 자체가 자비다. 이 자비가 있어 깊은 광야에도 주님의 살리는 은혜가 임하는 것이다. 그러므로 광야에서 기억하고 바라볼 것은 언제나 하나님의 자비다. 자비가 보이면 희망도 보인다.

　　하나님의 자비를 제외하면, 민수기 20장과 21장에 나타
난 상황은 절망적이다. 다 죽고, 모세도 늙고, 물은 없고, 만나
는 하찮아 보이고, 길은 막히고… 어느 것 하나 기댈 것이 없
어 보인다. 그런데 그곳에 하나님의 자비가 있었다. 그 자비가
상수 노릇을 해서 광야라는 방정식을 풀 수 있었던 것이다.

　　우리가 광야에서 죽겠다고 하는 동안에도 하나님은 잠
잠히 우리를 살릴 역사를 잇고 계신다. 그 하나님을 의지하며
내 모든 문제를 하나님께 의탁하는 것이 우리가 살길이다. 그
것이 광야를 끝내는 지혜다.

나의 경험과 방식을 버리고
하나님의 거룩함을 드러내자

아무것도 아닌 나와 동행하시는 하나님의 나라와 그의 의를
먼저 구할 때, 먹고 마시는 문제는 그 안에서 다 해결될 일이
다. 따라서 '문제해결'이라는 명분으로 하나님과 다투고 원망

하고 분노하는 것을 '의'로 착각하지 말고, 광야에서도 하나님의 자비로움이라는 그 거룩함(다름)을 드러내야 한다.

모세와 아론도 므리바에서 실패했다. 광야의 메마른 정서가 그들 안에도 똬리를 튼 것이다. 물이 없어 백성들이 몰려왔을 때 모세와 아론은 지팡이로 바위를 쳐서 물을 냈지만, 그들 또한 짜증과 화를 참지 못했다(샘의 이름이 므리바, 곧 '다툼'이 되었다). 하나님은 모세와 아론에게, "나를 믿지 아니하고 이스라엘 자손의 목전에서 내 거룩함을 나타내지 아니"했다고 말씀하신다(민 20:12). 시편 106편의 평을 보면 다음과 같다. "그들이 또 므리바 물가에서 주님을 노하시게 하였으므로 이 일로 모세까지 화를 입었으니, 그들이 주의 뜻을 거역할 때에 모세가 망령되이 말을 하였기 때문이다." 공동번역은 "백성이 모세의 성깔을 돋우어서 모세가 함부로 말했다"라고 전한다.

이것이 교만이다. 광야에서 살다 보면 겸손해질 것만 같은데도 그렇지 않은 것을 보라. 자기 경험과 자기 방식이 생기고 쌓이면서, 각자의 소견대로 문제를 해결하려는 교만한 생각을 품게 된다. 이스라엘 백성을 보라. 기어코 해서는 안 될 말마저 하지 않았는가. "만나가 지겹다!" 모세나 아론의 문제도 비슷했다. 자신들을 신뢰하지 않는 백성이 미웠고 화가 났다. 겸손을 잃은 것이다. 물 부족 문제는 해결되었지만 다들 상처를 입었다. 주님의 자비, 거룩함도 드러나시 않았다.

○ ○ ○

요즘 어렵지 않은 사람이 없다. 일자리 구하기가 어렵고, 지키기도 어렵다. 사업하는 이들은 일자리를 늘리기는커녕 월급 주기도 어렵다고들 한다. 물가는 오르고, 기름 값도 오르고, 임대료 같은 건 떨어질 줄 모른다. 이렇게 광야가 깊어지고 돌아가야 할 일이 생길 때, 화내고 짜증내고 원망하면서 문제해결에만 관심 갖지 않기를 바란다. 광야의 정서로는 앞으로 나아갈 수 없다. 적어도 하나님 나라 백성이라면, 이럴 때는 광야의 깊음보다 더 깊은 하나님의 자비가 보이기까지 하나님을 바라보아야 한다. 내 모든 문제는 하나님께 겸손히 의탁하고 '하나님의 거룩함을 어찌 드러낼까'에 관심을 갖자. 그렇게 하나님을 바라보며 묵묵히 걷다 보면, 언젠간 젖과 꿀이 흐르는 하나님 나라를 누리게 될 것이다.

13

예배의
회복

민수기에는 두 번의 인구조사 내용이 담겨 있다. 두 인구조사의 가장 뚜렷한 차이는 세대다. 1장은 출애굽 세대, 26장은 광야 세대다.

시간이 흘렀고, 경험과 역사가 쌓였다. 광야 세대는 인구조사를 하며 '아, 이제 우리가 어른이구나. 우리가 가나안 땅에 하나님 나라를 세워야 하는구나'라고 생각하지 않았을까. 이것이 계기가 되었을 것이다. 그래서 잘해야지, 잘 믿어야지 하는 다짐에까지 다다랐을 것이다. 그때 그에 상응하는 가르침을 하나님이 주셨다. 그 내용이 민수기 28, 29장이다.

이 부분은 하나님 백성의 예배 모범이다. 날마다 드리는 예배, 안식일 예배, 초하루 예배 등과 유월절, 칠칠절, 신년 첫날, 속죄일, 장막절 등 지켜야 할 절기 및 예배들에 대한 매뉴얼이 모여 있다. 하나님은 "잘 믿겠다고? 잘해 보겠다고? 그럼 예배부터 잘해 보아라" 하신 셈이다. 예배는 '하나님과 동행하기'다. 그러니 하나님이 이 시점에서 예배의 모범을 주셨다는 것은 '같이 잘해 보자'는 뜻이기도 하다. 예배를 잘하는 게 결국 잘 믿는 것이고, 하나님 나라 백성으로 잘 사는 것이다. 그렇다면 예배를 잘한다는 것은 무엇일까?

하나님께 주도권을
드리는 것

하나님은 예배라면 다 기뻐하실까. 가인과 아벨의 제사 이야 기는 그렇지 않다는 것을 알려 준다(창 4장 참조). 가인의 제사는 아벨의 제사와 달리 자기중심적이라는 문제를 드러낸다. 하나님은 그 예배(제물)를 받지 않으셨다.

'잘 믿어 보겠다'는 광야 세대에게 하나님이 가르쳐 주시는 믿음생활, 곧 하나님과 동행하는 예배의 원리는, 주도권을 하나님께 드리는 순종의 삶이다. 예배는 내가 원할 때, 내가 드리고 싶은 것을, 내 방식대로 드리는 것이 아니다. 하나님이 정하신 때, 하나님이 정하신 방식대로 하나님께 나아가는 것이다. 그렇게 하나님께 주도권을 넘긴 순종으로서의 예배생활이 하나님과 동행하는 하나님 나라 삶의 첫 번째 조건이다.

예배 매뉴얼을 보니 마치 음식 레시피 같다. 아침저녁으로 드릴 제물의 종류와 수, 첨가할 곡식제물의 양과 형태, 거기 부어 드릴 제물의 종류와 양까지 꼼꼼하기 이를 데 없다.

거기다가 안식일과 초하루 예배 때는 제사나 제물의 종류, 수량, 첨가 방식 등이 좀 더 복잡하게 달라지거나 추가된다. 곧 예배란, 하나님께 맞춰져 있는 것임을 가르쳐 주시는 것이다.

예배는 하나님을 섬기는 일이며, 그 본질은 하나님을 기쁘게 하는 것이다. 그러므로 내 눈에 선하고 내가 만족한다고 해서 바르고 좋은 예배일 수는 없다. 예배자의 의욕이 아닌 하나님의 뜻을 따르는 것, 들음과 순종으로 하나님께 주도권을 넘긴 예배여야 바르고 아름다우며 좋은 예배다.

잘 믿어 보겠단 소망을 가졌거든 믿음의 대상인 하나님과 어찌 동행하고 있는지부터, 곧 예배생활부터 살펴보라. 시간, 예물, 방식, 우선순위에 있어서 주도권을 누가 갖고 있는지를 살피고 주도권을 주님께 드리기 바란다.

공적 예배자의 리듬을
찾는 것

'공적'이란 말은 사적이 아니란 뜻도 있지만, 마음만이 아니라 '행동으로'란 뜻도 가지고 있다. 민수기에서는 매일 두 번씩, 안식일은 별도로, 매달 초하루는 새 마음으로, 대속죄일과 세 번의 절기는 공동체가 힘써 모여 하나님의 구원행동과 은총을 기념하며 감사하는 행동을 하라고 가르친다.

신학자 마르바 던Marva Dawn은, 예수님의 제자는 예배가 중심인 삶으로 '거룩한 리듬'을 찾아야 한다고 말했다. 쉽게 말하면 목금토는 예배를 기대하고, 월화수는 예배를 기억하며 사는 리듬이다. 우리가 예배자의 거룩한 리듬을 회복하려면 말씀대로 첫째, 아침과 저녁으로 예배자가 되고, 둘째, 주일에는 온전한 예배자로 자신을 구분하며 무엇보다 온전히 참여해야 한다. 예배 시간에 늦지 말고, 봉사의 자리에서는 헌신하는 것이다. 셋째, 온전한 예물을 드려야 한다. 십일조뿐 아니라 감사예물을 드리자. 생일, 승진, 이사, 시작, 마침, 평안, 회개, 깨달음 등 삶의 곳곳에 감사의 제목들이 얼마나 많은가. 넷째, 회의나 봉사로 예배를 대체하지 말자. 다섯째, 월화수는 받은 은혜를 추억하며 그 감사를 가족, 친구, 동료들과 나누고, 목금토는 그들을 살피고 섬기며 예배로 나아가는 기대와 희망을 키우며 살자. 이것이 거룩한 리듬이다.

잘 준비해서, 잘 예배드리고, 잘 기억하며 감사로 이어지는 리듬 회복에 좀 더 신경을 쓸 때, 공적 예배자의 복과 힘을 회복할 수 있다.

하나님께 온전히,
즐겁게 드리는 것

예배, 곧 제사는 사람이 무언가를 희생해서 하나님을 움직이겠다는 것이 아니다. 피조물이 창조주에게 자신을 아낌없이 드리는 것이다. 즉, 우리는 드리는 존재다. 이때 중요한 것은 드리는 자세다. 이 정신은 번제에 담겨 있다. 번제는 '다 드림'과 '잘 드림'이다.

첫째, '다 드림'은 몽땅 태워 드리는 것으로 설명된다. 이는 자신의 죄를 철저히 회개하고 하나님께 온전히 헌신하고자 하는 신앙의지의 표현이다. '철저한 회개'라는 것은 '작은 죄'라고 생각해서 간과할 수 없다는 뜻이고, '온전한 헌신'이란 나에게 필요한 시간과 물질을 다 빼놓고 남는 것으로 하나님을 예배하는 것은 잘못이란 뜻이다. 철저하지도 않고 온전하지도 않은 예배는 사람들 보기에 대충 선하다고 여겨지는 행위를 통해 스스로의 구원과 복을 담보하려는 오만이다. 이 오만한 모습을 포괄적으로 일컫는 용어가 바로 '죄'다.

둘째, '잘 드림'은 새번역에 나타난 "기쁘게"라는 단어로 설명된다.

> … 곧 나에게 불살라 바쳐서 나를 기쁘게 하는 향기의 희생
> 제사를 어김없이 바치도록 하여라(민 28:2, 새번역)

기쁨의 주체는 하나님이다. 잘 드린 예배는 하나님을 기쁘게 한다. 그렇다면 어떤 드림을 하나님은 기쁘게 받으시는가. 바울은 이를 두 가지로 가르쳐 주었다.

> 할 마음만 있으면 있는 대로 받으실 터이요 없는 것은 받지
> 아니하시리라(고후 8:12)

여기에 나타난 "할 마음만 있으면"은 '자원하여 드리는

것'을 뜻한다. 자원하는 마음이 있을 때 즐거운 드림이 가능하고 하나님은 이를 기쁘게 받으신다.

각각 그 마음에 정한 대로 할 것이요 인색함으로나 억지로 하지 말지니 하나님은 즐겨 내는 자를 사랑하시느니라(고후 9:7)

'즐겨'로 번역된 헬라어 "히라리오스"는 '유쾌한, 들떠서 법석대는'이란 뜻이다. 우리와는 문화가 다르기도 하겠지만 그들은 감사할 때, 대접할 때, 봉사할 때, 물론 전도할 때도 잔치하듯 그 일을 했다. 주는 것 자체가 즐겁기 때문이다. 곧, 마지못해서가 아니라 즐겁게 드릴 때, 하나님은 기뻐하신다.

믿음으로 따져 보면 나에게 있는 것은 모두 하나님이 쓸데가 있어서 맡기신 것들이다. 이 사실을 잊으면 비싼 건 아까워서 못 드리고, 혹 드렸다 해도 드리고 나서는 자꾸 이름을 달려고 안달하게 된다. 반대로 싼 건 부끄러워서 못 드리거나 드리고도 감추고 싶어 하기 십상이다. 드림의 바른 자세가 아니다.

○ ○ ○

　출애굽의 역사가 멈추지는 않았지만 가나안 입성은 40년 후로 미뤄졌다. 절망하지 않으려고 몸부림치고 무참히 깨지며 광야를 걸어온 이들에게 하나님은 예배를 가르치신다.

　우선 매일 예배하되 특별한 날(월삭, 안식일, 절기)에는 특별한 규정을 따라 예배하라고 가르쳐 주신다. 마치 부모에게 매일 안부를 묻지만 특별한 날에는 특별한 만남과 섬김을 드리는 효자처럼 하라는 뜻이다. 이런 예배생활은 사랑으로 하면 잔치고 율법으로 하면 무거운 짐일 수밖에 없다. 결국 예배하라는 하나님의 요구는 하나님을 사랑하라는 뜻인 것이다. 특히 매달 첫날은 특별한 번제, 화목제, 속죄제를 드리되 제물을 바치면서 나팔을 부는 날이다. 이것은 시작을 하나님과 함께하자고 청하시는 인도자 하나님의 사랑이다.

　정신없이 한 달이 가고 준비 없이 또 한 달을 맞으면서 떠내려가듯 살고 있지는 않는가. 크고 작은 시작을 예배로 하도록 하신 것은 우리와 늘 동행하기를 원하시는 하나님의 마음이다. 제사 중에 나팔을 불도록 하신 것은 지쳐 잠든 영혼을 흔들어 깨우기 위한 뜻이었을 텐데, 종소리도 찬양 소리도 사라진 세상에서 예배마저 없이 산다면 어떻게 정신 차리고 살 수 있을까.

하나님을 예배하는 데 있어서 지름길이나 간편 방식은 존재하지 않는다. 떠도는 중에라도 하나님과 동행하는 삶, 곧 하나님 중심의 예배를 드리며 나아간다면, 광야 길에도 희망은 생긴다.

14

하나님의
간섭 기준

'작지만 확실한 행복'을 뜻하는 소확행은 그런 행복을 추구하는 경향이나 가치를 일컫는 말이기도 하다. 비슷한 맥락의 단어로 2010년대 들어서 널리 사용된 '힐링'healing과 2017년에 들어서 일과 삶의 조화를 뜻하는 말로 사용되기 시작한 '워라밸' work and life balance이 있다.

이제 이런 말들은 새롭기보다 친숙하다. '내 집 장만' 같은 큰 성공은 포기해도 월급날 갖고 싶었던 '잇템'it tem을 구입하는 작은 행복은 추구하고, 비싼 레스토랑에서 파티는 못해도 퇴근길 편의점에서 가장 비싼 도시락을 사 와서 수입 맥주와 함께 먹는 즐거움은 누린다. 또 세계적인 핫 플레이스는 못 가도 골목 구석에 숨어 있는 맛집을 찾아내서 나만의 핫 플레이스로 간직한다. 출세, 성공, 일류 같은 길만이 아니라 다른 길을 통해서도 일상의 즐거움을 누리며 산다는 것이 문화 트렌드로 확실히 자리 잡았다.

이런 생각을 하나님 나라 운동에도 적용할 수 있다. 하나님 나라 운동을 거창하고 전문적인 일이나 십자가를 지는 것 같은 비장한 각오가 필요한 것으로만 생각하는 건 성경적이지 않다. 신명기 24장부터 시작된 '기타규범'이나 '추가규범'

같은 성격의 말씀들을 보면 그렇다. 이런 것을 '소확의'라고 부르고 싶다. 작지만 확실한 의義. 이런 소확의를 추구하는 이들이 많을 때, 하나님 나라는 우리 안에서 분명해지고 커진다.

신명기 25장 1-3절은 재판에서 잘못한 사람에게 유죄를 선고하고 태형을 집행할 때, 40대 이상은 때리지 말라고 정한다. 그 사람을 천대하는 것이 되기 때문이다. 4절은 곡식을 떠는 소의 입에 망을 씌우지 말라고 한다. 바울은 이 구절을 인용해서 교회와 선교의 일꾼들을 교회가 돌봐야 한다고 적용하기도 했다(고전 9:9f 참고). 5-10절은 '수혼법' 또는 '시형제 결혼법'이라고 하는 규정인데, 상속권이 없는 여인이 아들 없이 과부가 되면 시형제가 그 여인을 아내로 맞아 자식 없이 죽은 형제의 대를 이을 뿐 아니라, 기댈 곳 없는 여인을 보호하는 제도다. 그리고 그런 권리이자 의무를 거부하는 사람은 형제들과 공동체가 부끄럽게 하라고 이른다. '신 벗김 받은 자'의 집이라 부르면서.

우리 정서로는 이런 것들이 하나님 나라에 관련된 일이라고 말하기엔 사소하거나 격이 모자라 보인다. 큰 이권이 오가는 일도 아닐뿐더러 어긴다 한들 뉴스 헤드라인을 장식할

만한 대단한 불법이나 불의로 보이지도 않기 때문이다. 그런데 하나님은 이런 사소해 보이는 문제들을 꼼꼼히 간섭하신다. (계속 읽어 보면) 남자들의 싸움에 끼어든 여자가 아무리 급해도 남자의 급소를 공격해서는 안 된다, 저울추로 사기 쳐서는 안 된다, 아말렉 사람들이 한 짓을 잊어서는 안 된다 등이 있다.

하나님은 왜 이런 작은 일들에 관심을 두며 규범까지 만들어 주시는 걸까? 그 이유를 헤아려 보면서 하나님 나라 통치에 대해, 또 우리가 순종해야 할 하나님 나라 운동에 대해 작지만 확실한 몇 가지를 배울 수 있고, 배워야 한다.

하나님 나라의
기준

우선 하나님 나라의 통치 기준 또는 하나님의 간섭 기준에 대해서다. '크다', '작다'는 게 하나님의 통치 기준이 아니라는 것을 이해할 필요가 있다. 하나님의 통치, 특히 간섭의 기준은

'의'와 '불의'이다.

여호수아 때 첫 전투는 여리고성 전투였다. 전투는 승리했으나, 그 전투에서 아간의 행동은 두 번째 전투인 아이성 전투에서 패배의 빌미가 되고 만다. 아이성은 여리고에 비하면 성이라 할 수도 없을 만큼 작아서 삼천의 군대로도 충분히 공략할 만했다. 그러나 어이없게도 서른여섯 명의 전사자를 낸 채로 이스라엘은 참패했다. 이스라엘이 여리고성을 무너뜨린 것이 놀라운가, 아니면 아이성 전투에서 참패한 것이 더 놀라운가.

하나님은 은금과 동철로 된 기구는 여호와의 집 곳간에 두고, 나머지는 다 불태워 진멸하라고 분명히 말씀하셨다. 그런데 아간이 그중 몇 가지, 곧 아름다운 외투 한 벌과 은 2.5kg(640돈쯤), 그리고 160돈쯤의 금덩이를 훔쳐서 숨겼다. 하나님의 명령을 어긴 것이다. 하나님은 이를 '작거나 큰일'로 다루지 않으셨다. '불의한 일'로 다루고 심판하셨다. 하나님 나라 통치를 무너뜨리는 것은 작든 크든 불의한 일로부터이기 때문이었다. 그러므로 하나님 나라의 백성은 작고 큼보다 의와 불의에 대한 민감성을 키워야 한다.

의와 불의는 '상식'과도 통한다. 세상 사람들이 하나님 나라를 이해하는 기준도 크고 작음이 아니라, 의와 불의라는 사실을 아는가. 인터넷상에서 어느 목사님의 글을 본 적이 있다. 입원한 교인을 심방하러 갔다가 중환자실 면회 시간이 아닌데도 "우리 목사님께 꼭 안수기도 받아야 할 사람이 안에 있으니 우리 목사님만 특별히 들여보내 주세요!"라고 요구하는 이들을 마주했단다. "면회 시간이 아닐 때 와서 떼쓰는 사람의 90%가 교인들"이라는 안내원의 말을 덧붙이며 '자업자득의 모멸감'이라고 말했다.

의롭지 않다는 것은, 그냥 불의한 게 아니다. 하나님 나라를 방해하는 심각한 문제다. 이것을 세상 사람들은 아는데 오히려 기독교인들은 모르고 있을 때가 많다.

작은 의에
충성된 자

우리는 크다, 작다는 기준에 휘둘리는 소시민들이 아닌가. 그렇다면 이 기준을 아주 버릴 것이 아니라 잘 써먹을 필요가 있다. 큰 의에 관한 것은 나랏일과 교회 일을 하는 사람들에게 맡긴다 치고, 우리는 작은 의부터 실천하자는 말이다. 작고 이기적인 이로움이나 작고 삐뚤어진 욕심 때문에 '소확의'의 기쁨과 당당함을 버리는 실수를 저지르지 말자.

마태복음 25장의 최후 심판 이야기는, 우리가 행하는 '작은 의'를 하나님이 얼마나 중요하게 생각하시는지를 알려 준다. "여기 내 형제 중에 지극히 작은 자 하나에게 한 것이 곧 내게 한 것"이라고 주님은 말씀하시며 작은 자에게 선의를 베푼 이들을 예비된 나라의 상속자로 부르신다.

성경 전체에 걸쳐 하나님의 법은 자비를 실천하는 것이 정의라고 가르쳐 준다. 그래서 약자를 위한 정의에 주목한다. 약자, 곧 작은 자(보잘것없는 사람)를 대하시는 하나님의 모습에서 우리가 관심을 갖고 손을 뻗어야 하는 대상과 우리가 마땅히 품어야 할 마음을 확인할 수 있다.

○ ○ ○

우리를 괴롭히는 문제들은 따져 보면 사실 거창하기보

다 사소한 경우가 훨씬 많다. 부부싸움의 이유들처럼 말이다. 그런데 그런 작은 문제들이 상식선에서 풀려야 어떤 공동체든 관계든 건강하다는 말을 들을 수 있다.

거창하지 않기 때문에 할 수 있는 소확의 몇 가지를 찾아보자. 그리고 시도해 보자. 미루지 말고 오늘, 지금. 신명기 말씀이 일러 주듯 누구든 내려다보지 말고, 어디서든 일하는 이들을 존중하고, 약한 이웃을 돕는 일을 피하지 말며, 개인의 이익을 위해 거짓 행동을 하지 말자. 작은 이를 돕거나 먹이거나 위로하거나 대접하기를 주님께 하듯 한 것이 하나님 나라 심판의 기준이란 사실을 기억하자. 하나님 나라는 작은 것이 중요하며 상식을 멸시하지 않는 사회다.

15

자유와
책임

하나님과 하나님의 통치를 설명할 수 있는 가장 소금 같은 단어는 '자유'다. 우선 하나님은 자유로운 분이시다. 단순하게 설명하면, 하나님은 그 어느 것에도, 그게 물질적인 것이든 사유적인 것이든 매여 있지 않다. 누구에게든 어떤 것에든 빚진 일이 없다. 그 무엇과 누구와 동일시되지도 않는다. 하나님은 사랑이지만 사랑이 하나님은 아니다. 하나님은 의롭지만 모든 의가 하나님은 아니다. 하나님은 어떤 것으로도 설명하고 찬양할 수 있지만 그 어느 것에서도 자유로운 분이다. 다만 하나님은 사랑으로 하신 언약에 스스로를 매실 뿐이다. "난 너희 하나님이다"라고 언약하시고, 자신이 말씀하신 대로 우리 하나님으로 사신다. 이 또한 하나님의 자유다.

그러므로 하나님의 백성인 우리는 그리스도 예수 안에서 우리를 구원하시겠다는 하나님의 언약을 붙든 채, 하나님의 구원을 바라고 찬양하고 전하며 누리는 것이 전부다. 독점하지 않는다. 독점할 수도 없다. 마치 하나님의 구원과 하나님 나라를 독점한 듯이 교만하게 구는 짓을 이단들만 하고 있지 않다는 데 오늘의 교회와 세상이 혼란한 원인이 있다. 겸손하고 성숙한 교회라면, 하나님 나라의 자유를 가리키며 서 있어야 한다.

과연 하나님 나라의 자유를 가리키며 산다는 것은 어떤 것일까? 신명기 30장 말씀에서 힌트를 얻어 보자.

믿어 주는 것,
기다려 주는 것

내가 오늘 네게 명령한 이 명령은 네게 어려운 것도 아니요 먼 것도 아니라 하늘에 있는 것이 아니니 네가 이르기를 누가 우리를 위하여 하늘에 올라가 그의 명령을 우리에게로 가지고 와서 우리에게 들려 행하게 하랴 할 것이 아니요 이것이 바다 밖에 있는 것이 아니니 네가 이르기를 누가 우리를 위하여 바다를 건너가서 그의 명령을 우리에게로 가지고 와서 우리에게 들려 행하게 하랴 할 것도 아니라 오직 그 말씀이 네게 매우 가까워서 네 입에 있으며 네 마음에 있은즉 네가 이를 행할 수 있느니라(11-14절)

하나님의 뜻, 명령, 법은 고학력자나 경험이 많은 자만 이해할 수 있는 비밀이 아니다. 겨우겨우 풀어야 열리는 신천지도 아니고, 고도의 도 닦음을 통해 이루는 윤리적 경지도 아니다. 누구나 알 수 있는 말이고, 맑은 마음을 가진 자라면 누구라도 알아들을 수 있고 행할 수 있는 것이다. 곧 예레미야나 에스겔이 전하는 '하나님의 영으로 마음에 새겨진 법/뜻'이다. 사도행전에 등장하는 성령충만한 예수님의 증인들이 전하는 '새 언어'다.

이런 하나님의 뜻과 명령에 다스림을 받는 사람이나 공동체라면 아는 것과 사는 것이 일치하는 '익음', 곧 성숙함을 드러낼 것이다. 아는 것과 사는 것이 일치하는 이들의 말과 행동에는 힘이 있다. 그들이 입을 열면 사람들은 하나님의 뜻을 배우고, 그들의 행동에서 하나님이 인도하시는 길을 본다. 예수님의 말과 행동이 그렇지 않았나. 그래서 사람들은 예수님에게서 여느 종교인들과 다른 권위를 느꼈다.

다윗이나 베드로도 그런 권위를 드러내며 살았다. 이 둘의 공통점은 단순한데 성숙하다는 것이다. 아는 대로 순종하고, 깨닫는 대로 회개하며, 믿는 대로 헌신한 사람들이다. '예

수' 이정표였다. 사람들은 그들을 통해 하나님 나라를 바라볼
수 있었다.

이 둘의 또 다른 공통점이 있다. 바로 하나님의 '믿어 주
시는 자유'의 열매라는 것이다. 하나님은 그들을 부르고 그들
과 약속하고 그들을 기다리셨다. 믿어 주신 것이다. 어찌 보면
하나님의 믿어 주심은 '내버려 두는 것'으로 느껴질 정도였
다. 여기에 중요한 포인트가 있다. 하나님의 내버려 두시는 자
유가 그들을, 또 우리를 단순하고 성숙한 제자도에 이르게 한
다는 것이다.

이런 믿음, 이런 기다림, 이런 내버려 둠, 결국 이런 자유
를 배웠으면 한다. 이래라 저래라 간섭이 많은 세상이다. 주의
주장도, 정죄와 혐오도 참 많다. 미성숙과 부자유의 증거다.

선택하는 것,
책임지는 것

신명기 30장 15절 이하의 내용은 내일의 생명과 복, 사망과

화를 오늘 선택할 수 있다는 것으로 요약된다. 광야의 새 세대는 가나안 땅을 "젖과 꿀이 흐르는 땅"이며 '약속의 땅'으로 알고 왔다. 그런데 하나님은 '젖과 꿀이 흐르는 땅'은 자연조건이 아니라 이스라엘이 선택할 수 있는 신앙고백적 조건이라고 말씀하신다. 하나님의 뜻에 대한 순종과 불순종의 가능성은 늘 열려 있는 셈이다.

출애굽 세대인 그들의 부모는 그런 면에서 교훈을 남겼다. 출애굽을 선택한 것은 잘한 일이었다. 그러나 하나님의 약속보다 열 명의 정탐꾼들의 현실 판단을 선택한 것은 잘한 일이 아니었다. 그에 대한 책임을 져야 했다. 출애굽 세대가 다 죽을 때까지 40년 동안 광야살이를 하는 것이었다. 그 대신 자유가 무엇인지를 배웠다. 자유란, 어떤 행동이나 방향을 선택하고 그에 따른 결과를 책임지는 것이었다. 시키는 대로 하고, 결과에 대해 원망하고 불평하는 것은 자유도 하나님 나라도 아니다.

첫 사람들을 보라. 아담과 하와의 선택은 에덴의 모든 조화를 깨뜨렸다. 자신들뿐 아니라 온 인류에게 죽음의 멍에를 씌웠다.

그러므로 한 사람으로 말미암아 죄가 세상에 들어왔고, 또 그 죄로 말미암아 죽음이 들어온 것과 같이, 모든 사람이 죄를 지었기 때문에 죽음이 모든 사람에게 이르게 되었습니다(롬 5:12, 새번역).

물론 유혹은 사탄이 했지만 '유혹을 따라가지 말라'는 말씀을 그들이 이전에 들었다는 것을 기억해 보면, 선택은 그들 자신이 했다. 그러므로 책임(저주) 또한 그들의 몫이었다. 만약 그들이 그것을 인정할 자유를 알았으면 회개하고 고치면 되는 일이었다. 그러나 여자 때문이고, 뱀 때문이라고 핑계하며 책임을 면해 보려다가 인간사는 죄와 거짓, 고소와 고발, 원망과 싸움에서 자유롭지 못한 긴 역사, 긴 죄의 역사를 살게 되었다.

당신과 나도 지난날의 잘못된 선택에 대한 대가를 톡톡히 치른 적이 있을 것이다. 어쩌면 지금 치르고 있는지도 모른다. 무지했고 힘도 경험도 없어서 바른 선택을 하지 못한 것이라고 억울해할 수도 있다. 그러나 내가 겪고 있는 현실이 대부분은 내 선택의 결과라는 것을 부인하기는 어렵다. 우리는 원망하고 탓하기보다 겸손한 마음으로 회개와 반성과 변화 추구를 통해 책임지는 것을 선택해야 한다.

○ ○ ○

생명과 복, 희망과 번영을 향한 하나님의 약속은 죽은 다음에나 경험할 비현실적인 것이 아니다. 시간만 지나면 저절로 찾아오는 것은 물론 아니다. 오늘 역사의 주인이신 하나님 앞에서 하나님의 동역자라는 신성한 자유와 책임감을 가지고 선택할 때 누릴 수 있는 복된 미래다.

100번을 실패했어도 주눅 들거나 포기하지 말고, 믿어 주고 기다려 주시는 하나님을 의지하며 하나님 나라를 선택하자. 그래서 유혹과 죄에서, 교만과 탐욕에서, 편견과 아집에서 자유로운 하나님 나라를 가리키는 진짜 교회로 살아가자.

아무리 상처가 크고 실패가 부끄럽고 광야가 깊어도,

하나님의 사랑과 자비가 그 모든 것을 덮고 이긴다.

나가며

나를 향한 하나님의 마음

이스라엘의 광야살이가 끝나갈 무렵, 하나님은 모세를 통해 새로운 터전에서 살아갈 이스라엘이 반드시 기억하고 행해야 할 것들을 일러 주신다. 이때 하나님은 '실패'에 대해서도 말씀하신다. 그들이 때때로 실패한다는 것을 아셨기 때문이다. 그래서 재수 끝에 이제야 약속의 땅에 들어가게 된 이스라엘에게, 또 실패하면 그 땅에서 쫓겨나게 되리라는 것까지 알려 주신다.

실패를 예고하시는 주님의 뜻은 무엇일까. 겁을 주기 위함일까? 아니다. '실패했다' 깨닫는 순간에 하나님의 말씀을 기억하라는 것이다.

… 당신들이 주 당신들의 하나님이 쫓아내신 모든 나라에 흩어져서 사는 동안에, 당신들의 마음에 이 일들이 생각나거든, 당신들과 당신들의 자손은 주 당신들의 하나님께로 돌아와서, 마음을 다하고 정성을 다하여 오늘 내가 당신들에게 명령한 주님의 모든 말씀을 순종하십시오. 그러면 주 당신들의 하나님이 마음을 돌이키시고, 당신들을 불쌍히 여기셔서, 포로생활에서 돌아오게 하여 주실 것입니다. …
(신 30:1-3, 새번역).

"당신들의 마음에 이 일들이 생각나거든"이라고 이르시지만, 이는 주님의 교훈과 율법의 말씀을 반드시 생각해 내라는 뜻이다. 하나님은 벌주기를 즐기는 분이 아니다. 우리가 어서 불순종에서 돌이켜 하나님 앞에 다시 온전히 서기를, 그래서 하나님이 예비하신 '밝은 앞날'을 맞이하기를 원하신다.

광야를 걷다 보면, 하나님의 마음을 의심하게 될 때가 있다. 하지만 성경은 우리를 향한 하나님의 마음이 진노거나 무관심이 아님을 거듭 알려 준다. 우리가 실패를 반복하는 어리석은 존재임에도 말이다.

이후 역사를 보면, 이스라엘은 또다시 실패한다. 그래서 하나님의 예고대로 쫓겨남을 경험한다. 바벨론 제국을 이룬 능력자 느부갓네살은 예루살렘을 파괴하고 유다 왕 여호야긴을 사로잡아 갔다. 그리고 여호야긴의 삼촌인 시드기야를 왕으로 세웠다. 여호야긴 왕과 함께 바벨론으로 끌려간 사람들은 절망했다. 그들의 유일한 기대는 하루빨리 예루살렘으로 돌아가는 것이었다.

그러나 그들의 바람과는 달리 바벨론은 오히려 더 강해졌고, 예루살렘은 또다시 침공을 당해 쑥대밭이 되었다는 소식이 들려왔다. 포로가 된 유대인들이 할 수 있는 것은 아무것도 없었다. 삶은 곤고하고 희망이 없었다. 신앙도 의미 없는 것 같았다. 이 참담한 상황에서 그들은 묻지 않을 수 없었다. '이제 어떻게 살지?'

그때 예루살렘에 남아 있던 예레미야에게서 편지가 왔다. '희망하며 살라'는 주제로 "결혼도 하고, 기도도 하며, 잘 살아라"는 내용이었다. 희망이라곤 도무지 찾아내기 힘든 상황에서 선지자 예레미야가 희망을 가지라고 권고하는 근거는 무엇이었을까? 바로 하나님의 돌보심이었다.

여호와의 말씀이니라 너희를 향한 나의 생각을 내가 아나니 평안이요 재앙이 아니니라 너희에게 미래와 희망을 주는 것이니라(렘 29:11)

나라를 잃고 바벨론에 포로로 끌려간 그들은 누구의 돌봄도 받지 못하는 처지였다. 그러나 그들을 향한 하나님의 계획은 분명했다.

광야생활 중이든 포로생활 중이든, 하나님 나라 백성을 향한 하나님의 생각은 평안이다. 하나님은 하나님 나라 백성에게 '밝은 앞날'(공동개역)을 예비해 두신다. 우선 이것을 믿어야 한다.

나를 가장 잘 아시는 아버지 하나님이 내 인생 여정에 함께하신다. 아무리 상처가 크고 실패가 부끄럽고 광야가 깊어도, 하나님의 사랑과 자비가 그 모든 것을 덮고 이긴다. 그러니 '악한' 광야 세대처럼(신 1:35) 뒤돌아보고 불평하고 두리번거리며 하나님 속을 썩이는 일일랑 그만두는 게 어떤가.

광야, 하나님의 시간에

개정판 1쇄 인쇄 2024년 10월 10일
개정판 1쇄 발행 2024년 10월 28일

글 김종익
펴낸이 홍지애
펴낸곳 꿈꾸는인생
주소 서울 마포구 월드컵북로 400 2층
전화 070-4046-2371
팩스 02-6008-4874
이메일 lifewithdream@naver.com

ⓒ 꿈꾸는인생, 2024

979-11-91018-29-5 (03230)

<훗날, 너희 자녀가 묻거든>(2018, 세상의 소금)의 개정판입니다.
이 책은 저작권법에 따라 보호받는 저작물이므로 무단 전재와 무단 복제를 금합니다.
잘못 만들어진 책은 구입한 곳에서 바꿔 드립니다.